河出文庫

志ん生一家、おしまいの噺

美濃部美津子

河出書房新社

はじめに

古今亭志ん生というと、今ではもう知ってらっしゃる方もかなりご年配になっていらっしゃると思います。昭和の初めごろ、日本にまだまだ娯楽というものが少なかった時代に、落語が一世を風靡《ふうび》しました。扇子と手ぬぐいを携《たずさ》えた噺家《はなしか》が、座布団の上で物語をお話しするのが落語という芸です。その噺には夫婦や親子の情を語ったもの、昔の日本に多く見られた長屋の住人や遊郭《ゆうかく》にまつわる話など、実にさまざまな物語があります。落語を聞きに寄席《よせ》に来る人々は、そんな噺家の語りに笑ったり、泣いたり、わくわくしたりしたものです。

そうした大勢いる噺家の中に、古今亭志ん生という噺家がいました。志ん生といえば、文楽、円生といった噺家と並ぶ名人として、追っかけが出るくらい人気があったものです。その志ん生があたしのお父さんです。お父さんは二十歳で落語の世界に足を踏み入れましたが、長いこと芽が出ずに大変な苦労をしました。芸を磨くためには、それはもう努力をしましたが、一方で落語だけじゃなく、お酒や博打《ばくち》などの遊びにまで精を出し、おかげであたしたち家族はずいぶん、貧乏暮らしをしたものです。そんな中で文句も言わず、内職をして暮らしを支えたのがお母さんでした。

お父さんには、本当にいろんな逸話《いつわ》が残っています。お酒を飲んで高座に上がり、そのまま居眠りしてしまったのは有名な話。なのにお客さんには「志ん生の寝てる姿なんて見られないから」と、怒るどころか喜ばれた。娘がいうのもなんですが、それだけ魅力のある芸人でした。そして、お父さんの息子、つまりあたしの弟たちも噺家でした。十代目金原亭馬生と三代目古今亭志ん朝です。

あたし自身は、何のとりえもない普通のおばあさんです。たまたま昭和の名人の娘に生まれたってだけなんですよ。でも今の人、とくに若い方々に、落語というのがどのような芸で、志ん生がどんな噺家だったのか知っておいていただきたくて、こうして一冊の本にまとめることにしました。何より、お父さんはもちろん、お父さんを支え続けたお母さんや噺家になった弟たち兄弟のこと、噺家一家のあたしたち家族がどんなふうに暮らし、生きてきたかを、ぜひ聞いていただきたかった。

それではしばし、お耳よごしを……。

志ん生一家、おしまいの噺

◉

目次

3人揃って。

第一章　子ども時分の家族の暮らし

新婚当時のお父さんとお母さんの記念写真。
お父さんは32歳、お母さんは25歳のときでした。

第二章 お父さんの襲名

［右］改名を繰り返していた若い頃のお父さん。写真裏に甚語楼と書いてあったから、その時代のものだわね。
［左］3つのときのあたし。初めての子だったし、せめて七五三にはとキレイな着物を着せてくれたのだと思うの。

第三章　志ん朝の弟子入り

将棋好きのお父さんが会長の「まった倶楽部」。看板を玄関先にかけるお父さんと馬生。看板の字は馬生が書いたもの。

お茶の間で、家族そろって。
右からお母さん、お父さん、
馬生、志ん朝、あたし。

第五章　おしまいの噺　183

お父さんと鴨下晁湖先生。
鴨下先生には馬生も絵の
手ほどきを受けたりした
もんです。

下手でしたけど、将棋さえ打っていれば機嫌がよかったお父さん。縁側で馬生と。縁側では将棋を指したり、稽古をつけたりしてました。

晩年のお父さん。

晩年のお母さん。

志ん生一家、おしまいの噺

お父さんの好きだった世界湯で。馬生と一緒に。晩年は本当にお風呂を楽しみにしていました。

お父さんと文楽さん、昔は落語家が年に一回、扮装をしてお芝居をしたもんです。おいらん姿で。

第一章　子ども時分の家族の暮らし

父と母のなれそめ

あたしの生い立ちを語る前に、ウチの両親のなれそめについて少しお話ししておきましょうか。あたしの父、五代目・古今亭志ん生が、あれだけの大看板になれたのは母の内助の功があってこそ、というのは、両親を知っている方には周知の事実なんです。ええ、もちろん、あたしもそう思ってます。でも、噺家としてなかなか芽が出なかった父のもとに、どんないきさつで母が嫁《とつ》いできたのか――。娘のあたしにとっても、気になるところでした。

両親が結婚したのは、大正十一年のこと。父は当時、三十二歳、金原亭馬きんの名で真打に昇進《しょうしん》した翌年でもありました。そして母は二十五歳。母から聞いた話では、二人はお見合い結婚だったんですって。父はそのころ谷中清水町（現在の台東区池之端）の床屋さんの二階に住んでたんですよ。隣りが運送屋さんで、そのご主人の口利きで下宿屋の長女だった母に見合い話を持ちかけたらしいの。母が言うには、そのとき母のお母さん、つまりあたしのおばあさんと、なんだか折り合いが悪かった時期らしくてね。ちょうどいい、それなら結婚して家を出ようと思ったようですよ。とはいえ、どんな相手なのかよくわからない。そこで祖父がこっそり父を寄席に見に行ったらしいんです。いわば、偵察《ていさつ》よね。でもって「おとなしそうな人だからいいんじゃないのか」と祖父に言われて、「じゃあ、お嫁に行く」って決めたんですって。

今の時代からすると、そんな簡単に結婚を決意するなんて信じられないかもしれませんね。でも、昔はそんなもんだったのよ。祝言《しゅうげん》の日に初めて相手の顔を見るってことも、よくあったようですから。現に父と母が初めて会ったのも、祝言の前日だったそうです。そのときの母の父への第一印象を聞いたら、お母さんったら「さあ、よく覚えてないねぇ」なんて言ってましたけどね。

父が結婚を決めた理由は聞いたことがないのでわからないんだけど、運送屋のご主人が持ってきた見合い写真を見て、乗り気になったんじゃないかと思うんです。なぜってお母さん、きれいだったもの。ウチに母の若い時分の写真があったんですが、髪を島田に結ったお母さんは切れ長の目元が涼しげな美人でね。女優の田中絹代に似てるといわれてたの。

結婚式は床屋の二階にある父の部屋で挙げたんですって。父の両親はすでに他界していたので、列席者は母の両親と仲人、父の仲間など十人ほどが集まって、魚屋からお膳《ぜん》を取って簡単にすませたって話です。そうして新婚生活が始まったわけですが、初日っからお父さんがお母さんに言うわけですよ。

「おーい、モートル行ってくっから」

「チョーマイ行くから、金頼むよ」

　モートルは博打、チョーマイは遊郭《ゆうかく》に行くっていう符丁《ふちょう》（噺家の隠語）なんですね。でも、お母さんは素人《しろうと》だからわからない。落語の勉強会かなんかだと思って、黙ってお金を渡して「がんばってね」とか言いながら送り出してたんですって。知らないとはいえ、博打や女遊びに出かける夫に「がんばって」はねぇ。しかも新婚初日なんですから。お父さんも符丁を使うなんて、罪な人ですよ。嘘は言ってないわけでしょう？　だからお母さん、だまされっぱなし。あれは確信犯だったのかしらね。

　遊びは芸の肥《こ》やしなんてよくいいますが、遊んだ分、稼いでくるならまだマシです。お父さんの場合は稼ぐより使う一方、それでもお母さんは文句を言わずに、お嫁入りのときに持ってきた自分の貯めたお金でなんとかやり繰りしていました。娘時代にお針仕事して働いて貯めた大事なお金なのに、生活費ばかりか、お父さんの小遣《こづか》いにあてていたんです。そんなこんなで二人の生活が始まりました。

地震で酒屋

大正十二年の九月一日。大変な出来事が東京に起きました。そう、関東大震災です。マグニチュード七・九という、たいそうな地震で、九万人もの人が亡くなり、罹災者《りさいしゃ》は三百四十万人にもなったそうです。そのころ、両親は本郷動坂から田端へと移り住んでいました。なんでも、祖父に「こんな隅っこの暗いところにいちゃいけない。少し金を回してやるから、明るいほうへ行け」と言われて引っ越したようですよ。祖父としては娘夫婦の暮し向きを案じて、環境が変われば娘婿《むすめむこ》の仕事ぶりも変わるのではと思ったのかもしれませんね。その二か月後です、東京を地震が襲ったのは。

両親の話では、当日は晴天で、九月だというのに朝からとても暑い日だったそうです。あまりに暑いので、お父さんは褌《ふんどし》一本になって、本を読んでいました。すると突然、雨がザッと降ってきた。雨音に驚いて空を見ると、青い空が広がっている。お天気雨なんです。

「なんだか変な天気だな」と、お父さんは食事の後片付けをすませて一段落していたお母さんに声をかけました。

そのとき、地面がぐらっと揺《ゆ》れた。小さな揺れです。「地震だっ」。そう思ったと同時に、お腹に響くような地鳴りが突き上げてきて、揺れはみるみる大きく……。お母さんの後ろにあった箪笥《たんす》から落ちた鏡台が眼の前をかすめて畳に落ちて、鏡が砕け散りました。間一髪です。やはり暑くて裸同然の姿でいたお母さんは、掛けてあった着物を手に急いで表に飛び出して、外で着たそうですよ。

お父さんですか？　もうとっくに外に逃げてました。褌一本で、何しろ怖がりな人でしたから。それで私たち家族は、戦時中にもずいぶん苦労させられたんです。そのことはまた後々お話ししますけれどね。

地震が怖くて逃げ出したのに、その足で酒屋に駆け込んでお酒をあおったっていうのは有名な話です。「東京じゅうの酒がなくなるんじゃないか心配になって」と言われてますけど、あたしが思うに、もう怖くて怖くて飲まずにいられなかったんじゃないでしょうか。

とにかく、あの地震は相当に悲惨だったようですね。両親の話では地割れが起こって、その裂け目に落ちて死んじゃった人もいたとか。でも、地震そのものより、あとに続いた火事の被害が大きかったみたいね。両親は幸いケガもなく、住まいも無事でした。けれど、震災後の大混乱で食べるものも手に入らない状況でね。そこで地震のあった翌日、二人して早稲田にあるお母さんの実家まで食べ物を分けてもらいに歩いて行ったそうです。ところが次の日も余震が続いてたらしく、突然、電柱が崩れるような揺れがぐらぐらっとくる。もう心臓がキュッとなるくらいの怖さで、「思わず父ちゃんと抱き合って、揺れがおさまるの待ってた」って、お母さんが言ってましたよ。実はこのとき、お母さんのお腹にはあたしがいたの。余談ですが、あたしは昔から車が苦手でね。というのも、乗るとすぐに酔っちゃうんです。お腹ん中で地震を体験して、もう揺れはこりごりなんて思ったんじゃないかしらね。お母さんにしても、初めての子を身ごもっていたときに震災に遭《あ》うなんて、さぞかし不安だったと思いますよ。

ようやく辿《たど》り着いた実家で、いくばくかの食べ物とお金を分けてもらいました。そのお金というのは、祖母が貯めていた五十銭玉で、いくらあったのかは聞いてませんが、相当な量だったみたいね。もしかすると、おばあちゃんのへそくりだったのかもしれません。それを「旦那《だんな》さんには見せちゃダメだよ」って渡してくれたとか。お父さんに見つかると、また飲んじゃうってわかってたんでしょうね。

これでなんとか過ごせるとお母さんは思ったんだけど、そうは問屋《とんや》が卸《おろ》さなかった。家を焼け出された芸人仲間が何人かウチに身を寄せてきたらしいんです。家族どころか、飼ってた犬まで連れてきちゃった人もいたんですって。この人たちがまたよく食べたらしいの。実家からもらってきた素麺《そうめん》を茹《ゆ》でると、茹でるそばからペロリ。玄米でこしらえたおむすびも、あっという間に平らげちゃう。

一人、体格のいい芸人さんがいたらしくて、その人がとくにまあすごかったって、お母さん言ってました。玄米なんて硬いから、よぉく嚙《か》まないと喉《のど》を通んないでしょ。なのに、その人ときたら、もしゃもしゃって数回嚙んでゴックンだっていうんですから。食べるもんがいくらあっても足りやしない。困ったお母さん、お正月のときに余ってお勝手の天井から吊《つ》るしてあったお餅を焼いて出したんですって。所々に生えていたカビを包丁でこそげ落としてね。昔はどの家も、いざってときの非常食として、お餅をザルに入れて天井からぶらさげて取っておいたものなんですよ。それでなんとか急場をしのいだって話です。

「里帰りしないか」

関東大震災から四か月後の大正十三年一月に、あたしは産声《うぶごえ》を上げました。美津子という名前の由来や、どちらが名付けたのか両親に聞いたことはないけれど、あたしはとても気に入ってます。自分で言うのもなんですが、響きがきれいだなって。このセンスはお母さんじゃないかなと思うんです。うん、どう考えてもお父さんじゃないわね。お父さんは「なんでもいいよ、名前なんか」なんて言いそうだもの。

あたしが生まれてからも、お父さんの生活は変わらなかったようです。寄席でお金を稼いできても、お酒や博打に使ってしまう。仕事で、ある師匠のご機嫌を損ねて、噺家の世界にいられなくなり、一時期は講釈師《こうしゃくし》になったこともあります。小金井蘆風《こがねいろふう》という名前でした。けれど、講釈師としてもうだつが上がらず、そうこうしてるあいだに講釈師の師匠が亡くなって、居場所を失ってしまったの。そんなときに妹の喜美子も生まれましてね。お母さんが一生懸命内職して生計を立てていたものの、生活が苦しくて苦しくて。

そんなある日、お父さんがどっかから焼きいも屋の屋台を引っ張ってきたんですよ。「これで商売しよう」って。でもねぇ、どこで拾ったんだか小汚い屋台だったから商売になんかなりゃしなかったらしいわよ。もっとも、たとえ商《あきな》いができたって、儲《もう》けたお金も、お父さん自分で使っちゃったと思いますけどね。

何しろ家にあるお金はみんな持ち出しちゃうんですから。落語界から締め出しを食ってるとき、ある噺家さんが「高座に上がってくれ」と、着物を持ってお父さんを訪ねてきたことがあったらしいんですよ。その着物をお母さんが夜なべまでして仕立てていたら、仕上がる前に質入れしちゃったというの。着物はお酒に化けてしまいました。

それから、こんな話もあります。

あるとき、お父さんがお母さんに、

「今日は天気もいいし、どうだいお前、実家にでも行ってきたら」

と言ったんですって。お天気だから里帰りしろってのも、どういう了見なんだか。

でも、お母さんは素直な人ですからね、

「そうかい。じゃ、すまないけど」

って、出かけたそうなんです。それで家に戻ったら、箪笥の中はすべて空っぽ。お母さんが仕立てるために預《あず》かっていた着物までいっさいなし。お父さんが着物やら何やら家にあるもんを、みんな質屋に持ってっちゃった。それだけじゃないんですよ。お母さんが押入れの布団の中に隠していた通帳に、炭俵の下の洗面器に入れておいた小銭、なけなしのお金を全部見つけては持ってっちゃう。これにはお母さんも怒るというより「なんて探し上手なんだろうねぇ」って感心してましたよ。

いくらお母さんが内職で稼いでも、こんなんじゃ生活が成り立つわけがありません。いよいよお金がなくなると、お母さんは実家に借りに行ったそうです。

そんな日々が続いた中、どうにかお父さんは再び落語界に復帰できることになりました。ちょうどそのころ、お父さんが笹塚で新築の長屋を見つけてきて、家賃も安いからというんで引っ越しました。あたしはまだ二つだったのでよく覚えてないけれど、荷物を大八車に乗せて、そこにあたしとまだ赤ん坊の妹も乗っかって、田端からえっちらおっちら引っ張ってったようです。まあ、荷物と言っても、ボロボロの布団にせいぜい鍋釜《なべかま》程度だったようですから、それを聞いてもウチの暮らしぶりがわかるってもんだわね。

底抜けの貧乏

新居に移っても、あいかわらず暮らしはどん底、お父さんはどこをふらふらしてんだか、家に帰ってこないこともしょっちゅうだったそうですよ。そのうち家賃が払えなくなって、とうとう大家さんに追い出されちゃった。しょうがないから新しい家探して、また引っ越しですよ。それが幡ヶ谷だったんだけど、お母さんが「あの家は、家相《かそう》がよくなかった」って言ってましたね。

引っ越した早々、まずあたしが家ん中で転んでケガをして、そのすぐあとに今度は妹がやっぱりケガしちゃった。これはおかしいってんで、お母さんが自分で磁石持って方角を調べたら、玄関とお手洗いが鬼門だったんですって。なんでも、よくない相らしいのね。おまけにそのころ、お父さんがまた寄席に出られなくなっちゃったんです。その理由ってのが、飲み屋で飲んでたらお勘定《かんじょう》が足りなくなって、そのかわりにと、ある師匠から預かっていた羽織《はおり》を置いてきちゃった……。まあこれは家相がどうとかじゃなくて、身から出た錆《さび》ですけどね。

そんなことで幡ヶ谷の家はよくない、と元の笹塚の長屋に戻ったの。大家さんに頼み込んでね。でも、やっぱり家賃は払えない。なんでも、ウチの前が大家さんちだったようなのよ。家ん中に水道がある時代じゃないから、水は外まで汲みに行かなきゃなんないんだけど、大家さんと出くわしたらどうしようってんでね。お母さんは夜になるまで待って、水を汲んでたんですって。とはいえ、いつまでもそんなことしてられるわけじゃない。大家さんだって慈善《じぜん》事業やってるんじゃないんだから、そりゃ「出てってくれ」ってなりますよ。で、またもや引っ越し。もう、どんだけくるくると家を変えるんだか。まったく、ヤドカリじゃあないんだっていうの。

次に越したのも同じ笹塚で、あいかわらず仕事のないお父さんが「荒物《あらもの》屋でも始めるか」って。お母さんが実家に頭を下げて借りた二十円で、タワシやら何やらを仕入れて始めたものの、人通りの少ない場所だったから売れやしない。思い余ってお父さん、巣鴨にいるお父さんの親戚《しんせき》んとこまで売りに行ったんだけど「そんなもんいらないよ！」って怒鳴られて帰ってきたって。結局、荒物屋もやめちゃって、お母さんは昼も夜も内職して生活を支えるしかなかったんです。

そんときの生活はもうめちゃくちゃだったって、お母さんが話してくれたことがあります。何しろ食べるものにも事欠く毎日だったんですから。それでもお母さんは泣き言なんか言わなかった。なんとしても幼い私や妹にだけは食べさせなきゃって気持ちだったんでしょうね。いよいよとなると、近所の原っぱに私たちを連れて出かけるんです。そこでタンポポやらオオバコやらの食べられる草を摘《つ》むわけ。で、摘んだ草を茹《ゆ》でて、塩をかけて食べた。「塩なら、その当時、二銭か三銭くらいで安かったからね」って、言ってました。

赤蛙の足

お母さんがとってきたのは、野草だけじゃありません。当時、妹に癇《かん》の虫がついたっていうんですかね、癇の強い子で、怒ったり、ぐずったり、意地悪したりと大変だったんですって。でも、薬なんか買うお金はどこにもない。そんなとき「蛙《かえる》が効くらしい」って話を聞いて、お母さんが赤蛙を捕りに行ったんです。

「でも、食べられる部分の足がうんと小さいのよ、赤蛙の足なんか。その足の肉のこれっぱかしんとこを食べさせるんだから、五匹も六匹も捕ってこなきゃなんない。むしろ、そんな殺生《せっしょう》をしたから、喜美子の癇症がひどくなったかと思うくらいだったよ」

そうお母さんが話してましたっけ。といっても、あたしも食べたんですよ。大切なタンパク源だったでしょうから、そんときは。ただ、幸か不幸かあたしは味を覚えてないんですけどね。あとはそうね、大豆なんかもよく食べたわね。それはよく覚えてるんです。大豆は当時、安かったの。一合で二銭とかで。買ってきた大豆を、お母さんが鍋で炒《い》ってくれるんですよ。茹でると時間もかかるし、燃やす炭だっているでしょ。炭をたくさん買うおあしだってありゃしません。だから、ささっと炒った大豆を手のひらに乗せてもらったり、紙に包んで遊びに行くときに持ってったり。ごはん兼おやつみたいなもんだわね。でも、炒っただけだと、まだ少し固いのよ。それを口ん中で舐《な》めて、ふやかしてから食べてましたね。結構、お腹がふくれるのよ、豆って。

そんな貧乏暮らしだったけど、あたしたち子どもは、ひもじい思いは一度もしたことありません。「もうお腹がすいて、すいて」って記憶なんか、まったくないんです。ご飯だって、そりゃ白米ってわけにはいかないから麦を入れたりして炊いたんですが、二膳ずつっくらいはちゃんと食べさせてくれてましたよ。それはひとえにお母さんのおかげ、あたしたちに食べさせる分、自分は我慢してたこともあったと思うんです。

穴あき長靴

問題は……、やっぱりお父さんだわね。もちろん根っから落語が好きな人でしたから、寄席から締め出しを食って、焦《あせ》りや苛立《いらだ》ちはあったと思うんです。でも、そんなことは家族の前でおくびにも出さない。そういう性分《しょうぶん》でした。だから傍《はた》からすれば、何とものんきに見えた。お母さんから聞いた、お父さんがやらかしたこんな話があるんですよ。

「雨が降るでしょ？　そうすっと履《は》くもんがないのよ。そしたら父ちゃん、どこで買ったか、長靴を手に入れてきたの。それ履いて出てくんだけど、なんだか足がつべたい。長靴に穴が開いてて水が入ってくんのよ。もう父ちゃん、怒ってね。靴屋に文句言いに行ったら、『ただ同然なんだから、穴ぐらい開いてるよ！』って、逆に怒られて、すごすご帰ってきたんだよ。売るほうも売るほうだけど、買うほうも買うほうだ」

本当、落語に出てきそうな話よね。それにこんなこともあったの。あるとき、家に帰るなり、お父さんがお母さんに、「おい、氷買ってきてくれ」。わけもわからないいま、「氷買うおあしをちょうだい」って答えたら、「そんなもんないよ」って。しかたなく、ちょうど内職で入ったお金を手に、お母さん、妹を負ぶって氷を買いに行った。でも、氷屋が見つからない。で、魚屋になら氷があるだろうって思いついたのね。

魚屋さんが「少しぐらいなら、分けてあげますよ」って言ってくれて、氷を手に戻ろうとしたら、いつの間にか後ろからお巡《まわ》りさんがついてくるんですって。どうも、そんときのお母さんのなりが、あまりにみすぼらしいってんで、不審者扱いされたようなんです。確かにねぇ、着る着物もなくって、襦袢《じゆばん》とお腰で外歩いてたようですから。今で言ったら、下着姿で町を歩くようなもんですよ。そりゃ、お巡りさんもついてくるわ。

でも、お巡りさんに文句は言えないから、嫌な思いをしながら家に着いたそうです。え、なんで氷が必要だったのかって？　それがお父さん、遊びが過ぎて、睾丸炎《こうがんえん》にかかったらしいんですよ。で、医者かなんかに「冷やせば治る」とか言われたのね。そのためにお母さんが氷を買いに行ったの、嫌な思いまでしてねぇ。

もっとも、だからってお父さんの悪口は言わないのよ。それはもうずっと、そうでしたからね。あたしら子どもの前で、「お父さんがだらしないから」なんて悪く言ったり、愚痴《ぐち》をこぼしたことは一度もないんです。だからあたしたちもお父さんを悪く思うことはなかった。

今なんかだと、よく聞きますよね。母親が子どもに父親の悪口を言うから、子どもはお父さんを馬鹿にするようになるとかって。それは不幸なことだと思うんですよ。家族の絆や温かみが失われていくようでしょ？　そう考えると、たとえ貧しくても、あたしたちは幸せでした。頼りないけどお父さんがいて、お母さんがいて、毎日ちゃんとごはんを食べさせてもらった。そんで、家族みんな仲がよかったんですから。

お礼は鯛焼き

そんな貧乏のどん底の中、弟の馬生は生まれました。昭和三年の一月五日です。お母さんの話では、ずいぶんと難産だったようですね。食うや食わずの生活のうえに、お母さんはあたしたちに食べさせることに必死で、自分はいっつも後回しにしてたでしょ。おまけに朝から晩まで働きどおし。かなり体力が落ちていたんです。そんなこと、四つのあたしには想像もつかなかったんですけどね。

馬生が生まれたときのことで、あたしが唯一覚えてるのは『うさぎや』のどらやき。

『うさぎや』というのは、上野にある和菓子の老舗《しにせ》なんですよ。もう生まれるとなって、お母さんが上野のお産婆《さんば》さんとこに行くときに、あたしと妹もくっついてったんですが、お母さんがお金をくれてね。「『うさぎや』さんでどらやきを買って、二人でお食べ。あそこのはおいしいんだよ」って。小さい子をお産に立ち会わせるのもなんだし、せっかく上野まで来たんだからお菓子でも買ってあげようと思ったんでしょう。それで思いついたのが、『うさぎや』だったんじゃないですか。場所を教わって、妹の手を引いて行ってね。どらやきを一つだけ買って、妹と半分こにして食べました。そのとき初めて食べたんですが、これがもうおいしくってねぇ。夢中になってほおばりましたよ。

お父さんも、馬生が生まれてそりゃ喜んだでしょう、なんたって初めての男の子だし。それに意外と子煩悩《こぼんのう》な人だったのよ、お父さんは。いつだったか、あたしがまだ小さいころに高熱を出したことがあったらしいんです。でも、お父さんは地方に行っててて、お母さん一人で心細かったそうなの。そしたら、お父さんがひょっこり帰ってきた。「なんだか気になって」とか言って。虫の知らせとでもいうのかしらね。お父さんは照れ屋な人ですからね、いわゆるベタかわいがりするとか、わかりやすい愛情表現はできない。でも、お父さんなりに子どもは大事に思ってたんだと思いますよ。だもの、馬生んときだってうれしかったに決まってます。これも有名な話ですけどね。無事に生まれたってんで、お父さん、お産婆さんにお礼をしなきゃと思ったけど、お金がない。しょうがないから、払いを待ってもらうかわりに鯛焼きを持ってったって。「これも立派な尾頭付きだから」って。お母さんの話では、お産婆さんも半分あきれつつも、笑って受け取ったそうです。

納豆売り始める

家族が一人増えたのはめでたいことですが、やっぱり暮らしは厳《きび》しくてね。お父さんも寄席に復帰できるめどが立たなくて、何を思ったか、今度は納豆売りを始めると言い出した。どっかから藁《わら》を束ねたツトに入った納豆を山ほど仕入れてきて、風呂敷で包んで売りに出かけるんですよ。ところが、ちっとも売れやしない。だってお父さん、「納豆ォ～、納豆ォ～」っていう呼び声が出せないんだもの、恥ずかしくって。「誰もいないとこなら、言えんだよ」なんてブツブツ言ってたらしいですけどね。「ウチじゃえばってても、しょうがないわね」とかって、お母さんも笑ってましたっけ。

落語に『唐茄子屋政談《とうなすやせいだん》』という噺があるんですよ。放蕩《ほうとう》の限りを尽くした若旦那が親に勘当《かんどう》されて、唐茄子売りになるって内容なんですけどね。ウチのお父さんの噺の中に、こんな場面が出てくるの。若旦那が「唐茄子ゥ～」って声を出そうとするんだけど、恥かしくって大きな声がどうしても出ない。それで誰もいないとこに行って

「唐茄子ぅ〜」。それじゃ商売になんてなりゃしない。あのときの噺っぷり、あたしはあれ、お父さんの実体験から生まれたんだと思ってますよ。お父さんにしたら、噺のネタになってよかったでしょうけど、あたしら家族は大変。なぜって、一つも売れずに残った納豆を、朝昼晩と来る日も来る日も食べ続けなきゃならなかったんですから。

　納豆売りがだめとわかったお父さん、今度はお母さんをまねて内職を始めました。マッチのラベル貼《は》りなんかだったかしらね。ところが、すぐに飽《あ》きちゃうんですよ。ちょこっと手をつけちゃあ、飽きて寝転んで、しばらくして「よしっ、やるか」って始めたと思ったら、また飽きちゃって。そんなんだから期日に間に合うはずがない。おまけに仕上がりがいい加減だったらしくてね。ラベルがひん曲がっちゃったり、箱からはみ出してたり。「これじゃ売り物にならないよ」って言われて、クビになっちゃった。

　そんなとき、お母さんが洋食屋に働きに出ることになったの。お皿洗いかなんかの仕事だったんですが、内職よりも賃金がよかったのかもしれないわね。それで店でお客が残した料理やお酒をもらって帰ってきてね。お父さんはその燗冷《かんざ》ましのお酒で一杯やって、料理をつまんで。あたしらも一緒に食べたりしてました。

　お母さんが外に出たために、お父さんが留守番役になって、あたしら子どもの面倒《めんどう》を見てたんです。でも、子どもの世話なんかできるような人じゃないのよ。馬生なんか、まだ赤ん坊でしょ。ぐずって大泣きするわけです。そしたらもうお父さん、おろおろしちゃって、慣れない手つきで抱っこして揺すってみたり、負ぶって家ん中うろうろしたり。それでも泣きやまないもんで、「お乳が欲しいのか？」って、自分の乳首を吸わせたんですって。お乳が出るわけないのにねぇ。結局、お母さんが仕事から帰ってくるまで、ただただ、子どもと一緒にぼーっと待ち続けたというんだから、まったく役に立たないったらありゃしない。

お父さんって人は、もともとぶきっちょですからね、何ひとつ満足にできないんですよ。ええ、もう本当、噺以外のことはからっきし、だめだった。いつだったかしら、お父さんが妹をプールに連れてったことがあるんです。そんなことは初めてよ。子どもを連れてどこかに遊びに行くなんてしない人でしたから。公営のプールで、うんと安いというのもあったんでしょうが、突然、妹に泳ぎを教えようって気になったらしいの。お父さんはその昔、隅田川でも泳いだってくらい泳ぎが達者《たっしゃ》だったのね。

ところが、しばらくしてわんわん泣く声が表から聞こえてくる。妹が泣きべそかきながら帰ってきたのよ。足を包帯でぐるぐる巻きにしてね。横でお父さんが弱ったって顔してる。聞けば、プールで遊んでて、妹がどこかにぶつけたとかで血が出ちゃってね。あわてて病院に駆けつけて手当てしてもらったんですって。たまに親心を出して、娘に何かしてあげようとすると、こうですから。それで懲《こ》りたのか、その一回きりでしたよ、お父さんが子どもを遊びに連れて行ったのは。

朝逃げ

子どもの面倒も見られないし、さりとて別の仕事ができるわけじゃない。何もできないお父さんでしたけど、落語だけは別でした。寄席に出られないときでも、稽古《けいこ》は一日も欠かさなかった。それはあたしもよく覚えてるんです。稽古を始めるときに、あたしたち子どもが家にいると、「父ちゃん、稽古すっから、遊びに行きな」って、言われたの。それであたしたちが遊んでる間、二時間とか三時間くらいは、ずっと稽古をしていました。本当に落語が好きだった。そういう姿をお母さんも見てきたから、苦労も厭《いと》わなかったんだと思います。

「この人は何もできないし、酒は飲む、博打はするでしょうがないけれども、芸だけは一生懸命だから、いつか必ず売れる」

そう信じて、もっとも、そうでも信じてなきゃとっくに別れてますよ。お父さんにしても、落語界から離れてみて、あらためて、やっぱり自分の生きる道は噺家しかないと思ったんでしょう。仲間に話をつけてもらって、ようやく寄席に戻ることができたんです。

だからといって、暮らし向きが急に楽になるわけじゃありません。寄席の給金《きゆうきん》なんて、たかがしれてるし、お金が入ったら入ったで使ってしまうお父さんの性分が変わるわけでもない。あいかわらずお母さんが内職をしながら、一日一日をなんとかやり過ごす生活は変わりませんでした。家賃は溜《た》まりに溜まり、酒屋や米屋の支払いもあったりして、にっちもさっちもいかなくなったんです。

困り果てたお母さんは、お父さんに、「ここにいたんじゃしょうがないから、東京に行こうよ。東京に行けば内職の口ももっとあるだろうし、あたしが働けばお米も買える。子どもたちに食べさせてあげられるんだから」。

東京って変なことを、笹塚だって東京じゃないかってお思いかもしれませんが、当時は中心っていったら、今よりももっと東、上野や浅草のほうだったんですよ。そのすぐあとです、お父さんが「本所の業平（東京都墨田区）にいい長屋を見つけたから、引っ越すぞ」と。「何しろ家賃はいらないってんだ。『もう住んでくれるだけでけっこうです』って、大家が言ってんだぞ。こんないい話はない」って。

お母さんとしたら、そりゃ東京に行こうとは言ったものの、あまりに突然の話でしょ。今の家の大家さんや、つけの溜まってる店には申し訳ないと思うわけですよ。でも、お金はもちろん、食べるものすら底をついた生活じゃ、子ども三人を育てられない。「勘弁《かんべん》してもらおう」ってんで、黙って引っ越すことにしたんです。いわば夜逃げなんだけど、正確には朝逃げなの。夜、ぞろぞろ出てったらバレちゃうから、朝方早いうちに、そ知らぬ顔して越しちゃうわけ。荷物なんかないですよ。みんな置いてきちゃったんだから、荷車ひとつない。もっとも持ち出すような家財道具なんて、ほとんどありませんでしたけどね。

それで白々と夜が明けたころを見計らって、物音ひとつ立てないよう、そぉっと家を出た。ところが、家を出たとたん、隣りのおばさんに見つかっちゃったのよ。

「あんたら、どうにも早いねぇ。どこ行くんだい?」

お母さん、ドキドキしながらも平静を装《よそお》って、

「ううん、どこにも行かない。ちょっとそこまでお使いにいくんだ」

って答えたって。朝早くから、家族総出でお使いに行くってのも、苦しい言い訳よね。

それで笹塚からひとまず四谷の閻魔《えんま》様のあるお寺まで歩いていったんです。お父さんが妹を、お母さんが馬生を負ぶって、あたしは歩いたのよ。で、四ツ谷から電車で業平まで行ったんです。

なめくじ長屋

業平の家は長屋で、二十軒ほど並んでたうちのひとつでした。雨の日なんか傘をすぼめないと通れないくらいの狭い路地を挟んで、木造の三軒長屋や四軒長屋がいくつ

か並んでるんです。関東大震災の直後に建てたらしくて、まだ築四、五年と新しかったの。おまけに家賃も安くてね。それなのに借り手が一人もいないもんだから、大家さんが「タダでいいから住んでくれ。最初の一軒が入っちゃえば、あとが続くから」って、お父さんに言ったわけ。まあ、ウチが囮《おとり》になったってことだわね。

ここが、お父さんの本の題名にもなっている有名な「なめくじ」長屋。なんでこんな名がついたかって？　出るのよ、ウチん中になめくじが。もう嫌ってほどね。この長屋じたい、湿地を関東大震災の瓦礫《がれき》で埋め立てたところに建てたもんで、水はけが悪いし、湿っぽくてね。だから、なめくじがたくさん出たの。お勝手でも畳でも壁でも、とにかく、いたるところで這《は》い回ってるんですから。しかも十センチはあろうってくらいの大きさ。

そりゃ気色《きしょく》が悪いですよ。なめくじが這った跡ってヌラヌラ光った筋ができるのね。シャボン玉を飛ばしたときに見える、七色の光みたいな色。それになめくじって鳴くの、「ピチッ、ピチッ」って。ウチじゃあ、みんな聞いてるけど、なめくじの声を知ってる人なんて、そうはいないんじゃないですか。

お父さんなんか、あとになって「録音しときゃあ、よかった」とか言ってたもの。おまけにお母さんは、なめくじに食いつかれたことがあるんですよ。火鉢のそばで内職してたら、どうも足のかかとがかゆい。で、ふと見たら、大っきななめくじがかかとに吸い付いてる。「うわっ」てんで、あわててなめくじを払って、「これは毒だから」と、オキシフルをシューッて、かかとにかけたんですって。それでもお母さんの足には、なめくじに吸いつかれた跡が残っちゃったんですよ。

なめくじだけでも厄介《やっかい》なのに、ウチにはいろんな困ったお客さんが来てましてね。長屋の横丁の真中にどぶがあって、その上に板が乗っかってたんだけど、夏になるとそっから蚊がわいて出るんですよ。それもすごい数なの。周りの家がみんな空き家なもんだから、夜になって灯りをつけたとたん、ウチめがけて、いっせいにぶわっと押し寄せてくる。そのすごさったら、息しただけで鼻から蚊が入ってきちゃうのよ。もちろん口なんかきけやしない。だから部屋に蚊帳《かや》を吊ってね、その中で過ごすの。

夜になって、お父さんが帰ってくるときも、玄関の戸を開けたら一目散《いちもくさん》に、部屋に飛び込んで蚊帳ん中に入ってましたよ。その間は無言です。「今、帰ったよ」とでも言おうもんなら、口ん中は蚊だらけになっちゃいますもん。「『あっ』て言うと、五匹くらい入る」ってお父さん、どこか得意げによその人に話してましたよ。自慢してどうするのよ、本当に。

しかもそこの蚊はしぶとかったわねぇ。夏を過ぎて、秋になってもいなくなりゃしない。お父さんが、「ようやく蚊がいなくなったと思ったら、大晦日ってぇくらいだから」なんて言ってたこともあったわね。これは、ある川柳にも歌われてるの。「本所に蚊がいなくなって大晦日」という句で、お父さんのお気に入りだったのよ。でも、ホント冗談じゃなく、そんな感じだったんです。

そのほかにも、やれ蠅《はえ》だのシケンムシだの……。シケンムシって、知ってます？　足が長くてピョンピョン飛ぶ虫がいるの。そんなのがやってきちゃうし、雨が降るとどぶがあふれて、家ん中の敷居《しきい》ぎわまで水浸しになっちゃうんです。だからウチでは、年じゅう畳を上げてましたね。雨が降ると「それっ！」てんで畳を上げて、あたしたちは戸棚の上に乗っかるのよ。子どもだから、そういうことするのが面白くてうれしかったわね。家財道具がたくさんあったら困ったろうけど、ウチはほとんどないから。

冬になって、ようやく虫がいなくなったのはいいけれど（いえ、なめくじは一年じゅう居候《いそうろう》してましたが）、この長屋がまた寒くってね。昔の家なんてどこも密閉性がよくなかったもんだけど、それにしても、まあ寒いのなんの。建付けが悪くて窓枠《まどわく》が曲がってるから、そっから隙間風《すきまかぜ》がすーすー入ってくるし。でね、冬場は炬燵《こたつ》に入ってたんですよ。炬燵といっても今みたいな電気じゃないのよ。雪国にある、かまくらみたいな形をした瓦みたいなもんでできた台なの。台の側面に四角く穴が開いてて、そこへ火にくべた炭を三つほど入れるんです。そのままだと熱いから、炭の上に炭を薄くかけてちょうどいいくらいに温度を調節してね。で、その台に布団をかけてみんなであたるの、体くっつけあって。もう、今の炬燵とは全然違う代物《しろもの》です。

暖を取る道具といったら、その炬燵だけだったわね。火鉢もあるにはあったけど、火は入れない。炬燵だけで十分なのよ。だって炭も高いしね。炭は五十銭か一円分だけ買ってたんです。一俵なんて、お金がなくてとても買えませんから。とはいえ、いくら炬燵にあたっても、背中とかはやっぱり寒いのよ。着物だって薄着だしね。でも、あたしなんかは冬ってそういうもんだと思っていたの。

そんなこんなの生活で、家賃がタダなのもうなずけましたよ。まったく、タダより高いものはないって、よく言ったものです。でも、引っ越したくてもあてもなければお金もない。しかたなく住み続けて、そのうちにほかの長屋にも人が住み始めて……そうね、結局、八年くらいはいたのかしら。

ただ、あたしにとっては、このなめくじ長屋が一番印象深いですね。何しろ記憶に残ってるいっとう最初の家が、ここなんですから。それだけに思い出も目いっぱいつまってるんです。なめくじ長屋の間取りも、よく覚えてますよ。入り口を入ると土間になってて、その右側に〝座り流し〟があったの。石でできた流しの脚がないやつね。今はもう時代劇の、それも貧乏長屋って設定の中でしかお目にかかれませんよ。その座り流しで、お母さんもあたしも膝《ひざ》をついたり、しゃがんだりして、お勝手仕事をしたものです。

土間の左側には、お母さんが内職仕事をいつもしていた二畳敷きの部屋があった。

部屋といっても、玄関や台所と一緒になってるような造りで、狭いし、窓がないから昼でも薄暗い。本当、粗末《そまつ》なものでしたね。それから廊下があって、ったって廊下と呼べるような立派なもんじゃありませんがね、御手洗いまで行くほんの二メートルばかりの板敷きです。お風呂はないけど、お手洗いは家の中についてたわよ。もちろん、今みたいな水洗じゃなくて、汲み取り式のものですけどね。奥は一間半の押し入れがついた六畳間で、そこで食事や寝起きをしていたの。五人家族で六畳一間ですから、そりゃ狭い。でも、家族みんなで仲よく並んで寝たというのも、あたしにしたら、とっても幸せな思い出です。

おめざのうどん

なめくじ長屋での思い出のひとつに、〝おめざ〟があります。あれは、あたしが小学校に上がる前だから、妹が五つで馬生が三つのころだわね。あたしら子どもは朝早くに目が覚めるんですよ。でも、お父さんとお母さんはまだ寝てる。お母さんは夜なべ仕事をしているし、お父さんも帰りが遅いですからね。だから、お母さんが起きるまで、布団の中でおとなしく待ってるんだけど、やっぱりお腹がすくでしょう？　当時はまだ、あたしも小さくて、ごはんの支度《したく》なんかできやしない。それでお母さんが毎晩、自分が寝るときに枕元に用意してくれたのが、おめざ。おめざといってもたいしたもんじゃなくて、おじややうどんですけどね。それも具はネギしか入ってないの。よくって、うどんに油揚げが一枚入ってるくらい。

だけど、あたしらは、このおめざが好きだった。あたしはとくにうどんが大好きでしたねぇ。ひと晩たってるから、うどんがつゆを吸って、くたくたになってるんだけど、それがまたおいしいのよ。おまけに冬場は煮こごりみたいに固まっちゃう。でも、この冷たく固まったのが、たまらなく好きで。朝起きて、こう眠い目をこすりながらも、真っ先に枕元を見るんですよ。いつものように、三人分のお茶碗《ちゃわん》が置いてある。その中を覗《のぞ》いて、うどんだとわかると、「やった！」って布団をはねのけちゃう。そのうち、目を覚ました妹と馬生と三人で、布団の中で食べたものです。

子どものころは、なんでもご馳走《ちそう》だと思ってましたね。出されたおかずに不平を言うなんて考えたこともなかった。もっとも文句を言ったって、ほかのものが出てくるわけじゃない。そんな余裕なんてないもの。そうね、ご飯は麦飯でしょ、おかずは納豆や佃煮《つくだに》に、お魚とか野菜の煮物あたりだったわね。ウチではお魚は、切り身しか出なかったのよ。お父さんが魚の骨を嫌がるから。「のどに引っかかったら、どうすんだ」とか言ってね。噺ができなくなったら大変って気持ちがあったようなんです。それで、お母さんが鰯《いわし》とか秋刀魚《さんま》とかを食べさせようと思うと、骨をきれいに取ってあげなきゃならないのよ。まるで子どもです。となると、お父さんの分ばかりか、あたしら兄弟の魚の骨も取ってやらなきゃならないじゃない？　お母さん、くたびれちゃうわよ。だから結局、切り身になっちゃう。

昔はね、鮫《さめ》の切り身なんてのもあったの。醤油と砂糖で甘っからく煮て食べるんだけど、おいしかったのよ。あっさりした味で。ほかに鱈《たら》の切り身も食べたけど、鮫のほうが安かったんです。ホラ、鮫ってあれだけ大きいじゃない。だからたくさん切り身が取れて、それで安かったのよ、きっと。おかげで、あたしら兄弟も骨のある魚は苦手になっちゃった。今でもあんまり好きじゃないわねぇ。食べるのに、くたびれちゃうから。

ほかにお父さんの苦手な食べ物といったら、野菜と漬物でした。とくに漬物はまったくだめ。なんでも、昔、漬物食べてあたったことがあったらしくてね。見るだけでも嫌ァな顔すんのよ。それでもあたしたちは食べたいじゃない。だから台所にぬか床はあったんだけど、かき混ぜてると臭いを嗅《か》ぎつけて「何やってんだ！」って来るのよ。だからぬか漬けを食べるときは、お皿をお膳の下に隠して、お父さんに気づかれないようにこっそり食べてたんです。

そうそう、ぬか漬けだけじゃなくてタクアンも大の苦手だったわね。反対に好きだったのは納豆です。朝ごはんのおかずは必ず納豆。暮らしが楽になってからは卵とかネギ、大根おろしを入れたりして、うれしそうにかき混ぜてましたよ。お父さんの食べ物の好みは貧乏暮らしから抜けてからも、少しも変わらなかったわね。

おかずは、みそ豆

子どものころのあたしたちにとっても、やっぱり豆類、大豆が主なおかずだったわね。納豆のほかに、〝みそ豆〟をよく食べたんですよ。お味噌の元になるから、みそ豆って呼んでたの。大豆を茹でただけのものなんだけど、これもおいしかった。毎朝、買いに行くのが、あたしの日課だったんです。家の近くまで売りに来るんですよ。「納豆ォ〜、みそ豆ェ〜」って、売り子さんが自転車の後ろにつけたリヤカーに積んで。声がすると丼を持ってって、茹でたてのアツアツを入れてもらうんです。そこに辛子とおネギと青海苔もかけてくれるの。一杯五銭くらいでしたね。で、持って帰ってお醬油をかけてから混ぜて、みんなで食べるんです。みそ豆だけでも、十分立派なおかずになりましたね。お父さんはこのみそ豆も好きだったんですよ。

おかずはせいぜいこんなもんです。お肉なんてめったに食べられないわよ、高いもの。覚えてると言ったら、コロッケくらいかしらね。もっとも、じゃがいもばかりで、ひき肉なんてほとんど入ってませんでしたけど。でも、このコロッケの味は忘れられないんです。内職のお給料が入ると、お母さんが決まってこう言ったの。

「今日はお金が入ったから、コロッケ買っておいで」

この言葉を待ちに待ってたあたしたち兄弟は、手をつないでお肉屋さんまで買いに行くんです。業平のなめくじ長屋から押上のお店まで都電でひと駅分はあったけど、遠いだなんて感じない。コロッケを買いに行くんだもの、そりゃとっととことこ足取りも軽やかってもんですよ。それでコロッケを二つ買うの。一つ五銭あたりだったと思います。揚げたてのコロッケのいい匂いが鼻をくすぐってねぇ。もう走って帰りたいぐらいだった。でね、二つのコロッケを半分ずつにして、あたしと妹と馬生とお母さんとで分けて食べるんです。ホクホクのおいもがたまらなくおいしくって……。あのころのあたしたちには、コロッケ半分がとんでもないご馳走だったんですよ。

クレヨンのペーパー巻き

それもこれもお母さんのおかげですよね。一生懸命内職して、あたしたちに食べさせてくれたんですから。それも一つや二つの仕事じゃないんですよ。業平はその前に住んでたお屋敷町の笹塚と比べると下町だから、内職の口もたくさんあったの。

お母さん、本当にいろんな仕事をしましたよ。布団や蚊帳を縫ったり、鼻緒《はなお》を留める部分のツボを付けたり。布団や蚊帳なんってのは、とっても縫いにくいのよ。でも、お母さん、とっても上手に縫ってたわねぇ。確か一日に二枚くらい縫えば、家族が食べる分くらいはなんとかなったんじゃないかしら。あたしたちだって、そんなに贅沢《ぜいたく》してるわけじゃない。お米さえ買えればいいんですもの。

それからクレヨンのペーパー巻き。これはあたしも、よおく覚えてます。時々手伝ったりもしましたからね。ペーパーの上にクレヨンを置いて、端からくるくるっと巻いていくの。全部出来上がると、みかん箱二つ分くらいの大きな箱一杯になるのよ。それをお母さんが肩に担《かつ》いで電車でひと駅先のクレヨン屋さんまで持って行くんです。これがものすごく重たいのよ。木の箱なうえに、そん中にびっしりとクレヨンが入ってるもんだから。何箱もあるときは、向こうからリヤカーを借りてきて、そこに乗せて運んだんですよ。

あとは着物の仕立てですね。お母さん、とっても上手だったのよ。昔、吉原か浅草かで芸者さんの着物を縫っていた男のお師匠さんについて習ったから腕前も確かなの。だもんで、方々の仕立て屋さんから依頼が来てましたね。

お母さんは、そんな忙しい中でも、あたしや妹のためにも着物を縫ってくれたんですよ。日ごろは食べていくだけで精いっぱいだから、着る物なんて二の次三の次。着られれば十分、と何度も繕《つくろ》いながら大事に着ていました。

でも、お正月とお盆のときだけは、新しい着物を着させてやりたいと思ったんでしょう。毎年、新調してくれたんです。とはいえ、古着屋で売れ残って安くなった反物《たんもの》で仕立ててくれたので、もう三十や四十の人が着るようなすごく地味な色と柄だったの。だけど、新しい着物というだけで、あたしはうれしかったわねぇ。
ある正月には振袖を仕立ててくれたんですよ。長い袂《たもと》なのが嬉しくてしょうがなくって、それを着てパッと表に出て路地を駆け出したの。そしたら袖を垣根の釘に引っかけて、かぎ裂きをつくっちゃった。血の気がサッと引きましたよ。お母さんがせっかく用意してくれたのにと思ってね。でも、隠すわけにもいかないので正直に謝ると、「いいわよ、いいわよ、しょうがないもの」って、お母さん、笑ってくれたんです。あれは今でも申し訳なかったなぁと、思いますね。
そうやって毎年、着物を作ってもらうでしょ。でも、次の年にもう一回着ようと思って引出しを開けると、ないんですよ。お父さんがいつの間にか、質屋に持って行っちゃうの。あたしたちの着物なら、まだいいんですよ。「ああ、なくなっちゃったんだなぁ」って、思うだけですもん。それでお父さんに対して怒るとかはありませんでしたね。慣れっこになっちゃってたのかもしれない。ところがお父さんたら、お母さんが仕立て屋さんから預かった着物まで質入しちゃうの。これにはさすがのお母さんも、「勘弁してちょうだい」って言ってましたね。

「家族が貧乏してただけ」

お母さんが働いても働いても、お金は出て行く一方。そうなると、やっぱりお母さんが実家までお金を借りに行くの。そのころは新井薬師で駄菓子屋をやってたんですけどね。あたしも、かすかに覚えてるのよ。お母さんが馬生を負ぶって、あたしと妹の手を引いて、実家まで行ったことを。そんときのお母さんの疲れきった顔と、着ていた着物がボロボロだったって記憶が残ってるの。実家に着くと、おじいちゃんが、あたしと妹に駄菓子を一つ、二つくれたんです。でも、おばあちゃんは無愛想《ぶあいそう》でしたね。何かと援助をしてくれていた実家でも、それが度重《たびかさ》なると、やっぱりねぇ。でも、おじいちゃんが「しょうがないよ」って言いながら、子どもの見えないところで、いくらか渡してくれたみたいです。本当、お母さんはさぞかし辛かったろうと思いますよ。

なのに後年、お父さんが貧乏時代のことを人に聞かれたとき、こう言ったんですよ。

「俺は貧乏してなかった。家族が貧乏してただけだ」

って。まったくねぇ。あきれるでしょう? でも、そういう飄々《ひょうひょう》としたとこが、お父さんのおかしいとこなのよ。

このころは、お父さんも落語を一生懸命やろうって、燃えてはいたんです。でも、なかなか売れなかったのよね。お父さん、噺は昔から上手かったんだけど、芸風が地味だったようなんです。だから席亭も、高座の深いところ（遅い時間）には上げられずにいた。ところが、それでも構わず、お父さんは大きい噺（ベテランや人気者が演るようなネタ）を好んで高座にかけてたの。たぶん自分より出番があとの人でも、下手だったりすると頭にきちゃうんでしょう。事実、上手いもんだから、ほかの芸人さんから「こんな浅いとこに上がって、大きい噺されちゃ困る」って、じゃまされたりもしたんです。そうなると、なかなか寄席にも出られない。で、腐って飲んで酔っ払っちゃったり。お父さんもつらい時期だったんですよ。それはお母さんもわかってたんじゃないですかね。

もちろん、子どものあたしにはそんな事情はわかりっこなかったけど、でも、貧乏が嫌だと思ったりはしなかった。というより、生まれたときから貧乏暮らしですもの、「こういうもんなんだ」ってとこですよ。むしろ、子どものときの思い出といったら、楽しいことしか覚えてないんです。今思うと、心は貧しくなかったんだなぁと。そう感じられるよう、お母さんが育ててくれたんですよね。

あたしの役目

昭和五年、あたしは業平尋常小学校に入学しました。小学校に上がってからは、内職で忙しいお母さんに代わって家事を手伝ってたんですよ。とくにお母さんから「手伝ってちょうだい」と、言われた記憶はないんですけどね。やっぱり、あたしは総《そう》領《りょう》でしたからね、自然とお母さんを助けなきゃって責任感が身についてたのかもしれません。

朝ごはんの支度は、あたしの役目でした。当時はまだガスなんかなかったから、まず火を起こすところから始めるんです。七輪ん中にねじった新聞紙を井桁状《いげたじょう》に積んで、その上に炭を置くでしょ。準備ができたら七輪を表に持っていくんですが、まだ小さいから自分じゃマッチを擦《す》れない。それで、きゅうっと絞った新聞紙とマッチを手に、お母さんの枕元に行くの。お母さん、明け方まで内職してるから、まだ床にいるわけですよ。「火、つけて」って言うと、「あいよっ」てお母さんがシュッとマッチを擦って。新聞紙にその火をつけてもらったら、急いで七輪のとこまで戻って、井桁にした新聞紙の上に乗っけるんです。それからうちわでパタパタ扇《あお》いで火を起こすのね。で、お釜をかけてご飯を炊いたり、おみおつけとかを作ったり。

煮炊きは、お母さんがやっているのをいつもそばで見ていて、自然に覚えたんです。火がうまく起こせないときには、ご飯に芯が残ってたりとか失敗することもあったわね。第一、水道だって家の中になかったのよ。長屋の前に共同の水道があって、いつもは鍵がかかってるの。鍵はそれぞれの家が持ってるんですけどね。その鍵とバケツを手に水道んとこまで行って、鍵を開けてから水を汲んでたのよ。一度その鍵を置き忘れてきたことがあってねえ、なくしたら水汲めなくなるじゃない？　ベソかきながら一生懸命さがしたんだけど、ないの。そしたら近所の人が届けてくれて。そう考えると、家の中で簡単に火が使えたり、あたりまえのように水が出るという今の生活は、本当に夢のようです。

洗濯も手伝ってましたよ。もちろん、洗濯機なんかありゃしませんから、たらいと洗濯板を使ってね。洗濯物に石鹸をこすりつけて、洗濯板でゴシゴシしごくのよ。あたしはまだ小さくて力がないもんだから、なかなか汚れが落ちなくってね。冬なんか水が冷たくて手はかじかむし。ちょっとしごいては両手にハァーと息吹きかけて、またゴシゴシ、ハァーって時間をかけて洗ってましたよ。お父さんの着物の洗濯はお母さんの担当でしたね。洗い張りってのをするんですよ。まず糸を解いて反物の状態にしてから洗うの。で、糊《のり》をつけたらシワにならないように張り板という長い板にピンッと張りつけて乾《かわ》かすんです。あのころはどこの家の庭先でも、張り板で着物を乾かすのが見られたわね。

家事だけじゃなくて、当然、妹や弟の世話もしましたよ。友だちと遊びに行くときは、妹も一緒に連れてって、友だちに「おミソにしてやってね」って頼んだり。正直、一人で遊びに行きたいとは思ってたわよ。でも、出かけようとすると、必ず妹があたしの着物の袖引っ張って「姉ちゃん、どこ行くの？」って言うんだもの。何より、妹を置いてくと、ワァワァ泣いちゃって、お母さんの内職のじゃまになるでしょ。

妹は小さいころ、泣き虫だったわねぇ。妹と馬生を銭湯に連れてくのも、あたしの仕事だった。洗面器の中に手ぬぐいと石鹸を入れて行くの。当時は大変なお金持ちじゃなかったら、家にお風呂なんてなかったんですよ。銭湯にだって三、四日にいっぺんくらいしか行ってなかったんじゃないかしら。昔はお風呂なんて、そんなに毎日入るもんじゃなかったわよ。お母さんなんか、内職で忙しいでしょう。もっと入れなかったかもしれない。銭湯のしまい寸前に飛び込むか、間に合わないときは家で体を拭くだけだったんじゃないかしらね。

そんなわけで、あたしが妹と馬生を銭湯に連れてくんだけど、湯船に浸かってから二人の体や頭を洗ってあげるじゃない。で、妹の頭を洗おうとすると泣くのよ。もうお風呂屋の壁が割れるんじゃないかってくらい、大っきな声で。でも、泣かれたってしょうがないから、無理やり洗っちゃうんですけどね。それに比べると、馬生はおとなしかったわよ。黙って、されるがままになってました。その馬生が大人になってから、あたしに言ったことがあるんです。

「一緒に風呂行って、姉ちゃんが喜美姉ちゃんの頭を洗うと、すっごい声で泣いてたろ？　俺は決まりが悪かったよ」

ですって。小さいながらも覚えてたのね。いえ、忘れられないくらい、妹の泣き声がすさまじかったのよ、きっと。

こんなふうに家の手伝いをしていたことばかり話すと、何だかあたしがとってもいい子だったみたいよね。でも、あたしだって、普通の子どもです。路地で鬼ごっこやかくれんぼして遊んだりもしてました。まあ、近所に遊ぶ場所じたいがあまりなかったんですけどね。そう、長屋の近くに映画館があったのよ。あのころは阪妻（阪東妻三郎）とか片岡千恵蔵、山田五十鈴あたりが人気でしたね。とはいえ、映画を観たくても、お金がないじゃない。それでも、どうしても観たくって……お客さんの入れ替え時のどさくさにまぎれて中入っちゃった。映画館の人に見つからないよう、大人の影に隠れてサーッと。あたしと妹と友だちとでね。でも、小学校の二年生くらいまでよ。いけないことだって分別がつくようになると、できなくなっちゃったから。

お小遣いは一日一銭

小学校に入ってうれしかったのは、お小遣いをもらえるようになったことですね。貧しかったとはいえ、ちゃんともらってたのよ、一日一銭。今だったら十円にもならない額でしょうが、子ども心にとってもうれしくてね。同じ長屋に住んでいる子たちも、みな一日一銭でしたよ。ただ、近所にちょっとお金持ちの家の女の子がいて、その子は二銭もらってたの。そりゃ、少しはいいなぁとは思ったけれど、だからって妬《ねた》んだり、卑下《ひげ》したりなんて気持ちはちっともなかった。人んちと比べるっていう考えすら、起こらなかったわね。

でね、お母さんから「お小遣いだよ」って渡された一銭を握りしめて、近所の駄菓子屋さんに走ってくんです。お目当ては一銭で引けるクジ。電車やバスとかの乗り物の絵がついてる紙で、端《はし》っこを剝《む》くと何等だかわかるの。一等が当たると、五銭もらえるんですよ。そりゃもう、クジを剝くときはドキドキです。でも、一等どころか、ほとんどいつもハズレを引いちゃう。ああいうのは結局、ハズれるようになってるのよ。で、ハズレはなんと五厘でねぇ。つまり、損しちゃうわけ。

何べん引いてもハズレでしょ？　さすがに学習して、やっぱり地道にいこうと、一銭で二個買える飴玉を選ぶようになりました。外側にザラメのついた大きな飴玉。今でも縁日とかで売ってるんじゃないかしら。この飴玉の何がいいって、ものすごく長持ちするのよ。口の中で転がして遊んだりしてると、半日は持ちましたね。これは子どもからしたら、大変な魅力ですよ。どうやらあたしは長持ちするものが好きだったようで、干し芋なんかもよく食べてました。あれも舐めるんですよ。かじりたくなるのを我慢して我慢して、ずぅーっと舐めるの。その分、長い間、楽しめるじゃない。それで最後にぺらぺらに薄くなってから、ようやっと嚙むんです。お菓子なんてめったに食べられる時代じゃなかったもの、そりゃ一回、一回、大事に食べるわけよ。だから、お菓子を長く持たせる方法を、いろいろ編み出したものです。

お母さんからもらう一銭のほかに、自分でお小遣いを稼いだこともあるの。近所にお茶屋さんがあって、そこに子どもが生まれたんですよ。で、赤ちゃんの子守りを頼まれたのね。一時間くらい負ぶって家の回りを歩く程度だったんですが、一銭か二銭もらえたのよ。でも、自分のものは買わなかったわねぇ。飴玉を買って妹や馬生にあげたり、二枚一銭のおせんべいを二銭分買って、半分に割ってみんなで分けましたっけ。

初めてのチョコレート

それからお祭りのときなんかは、お母さんがいつもの一銭とは別に、もう一銭くれたの。そしてお正月には一銭玉を十個……そう、なんと十銭もらえたんです。これは子どもにしたら、大変なことよ。もう何を買おうか舞い上がっちゃうの。ある年、その十銭でチョコレートを買いに行くことにしたんです。それ以前に、誰かにチョコレートをもらって食べたのね。生まれて初めてのことだったけれど、あまりのおいしさにびっくりした。あの衝撃をもう一度ってなわけで、妹と二人してチョコレートを買おうと決めたの。とはいえ、近所の店じゃ売ってなかったので、上野まで出かけてったんです。昔、上野駅の前に『地下鉄ストア』という所があってね。今でいうスーパーマーケットみたいな感じかしら。そこでチョコレートを売ってることは知ってたのよ。

店ん中はけっこう混雑してたね。はぐれないよう妹の手をしっかり握って、大人たちの間を縫ってチョコレート売り場まで行くわけ。こんときからもう、とんでもないっくらい胸は高鳴ってるのよ。売り場に着いてからが、また大騒ぎ。だって犬とかお人形の形をしたチョコレートが目の前に並んでるんだもの。興奮もしますよ。そうね、今、売っている板チョコより二回りほど小さいものが、一枚ずつ箱に入ってて、表側にはセロハンがかけてあるから、中に入っているチョコレートの形がわかるわけ。一枚、十銭。高かったのよ、チョコレートって。もっとも、今のチョコレートより薄い色だったから、混ぜ物してあったかもしれないわね。

それでも妹と二人、ものすごく真剣に時間をかけて選んでね。あたしはお人形のにしましたっけ。ウチに帰っても、あたしはいきなり食べたりしなかった。だって、もったいないもの。最初は見てるだけ。それでも十分ワクワクしましたよ。何日かしたら、端っこのほうをちょっとだけ割って舐めるんです。馬生にも妹と二人で分けてあげましたよ。そうやって、ちょっとずつ割っては舐め、割っては舐めで、一枚のチョコレートをどれだけ持たせたかしらねぇ。

なのに妹はもうとっくに自分の分を食べてしまって、あろうことか、あたしに「姉ちゃん、ちょうだい」なんて言うの。いくら妹の頼みとはいえ、このときばかりは、はっきり嫌って断ったわよ。「そんなに早く食べちゃった、あんたがいけないんじゃない」ってね。でも、お母さんに「そんなこと言わないで、少し分けてあげなさいよ」とたしなめられて、しぶしぶ分けてあげたの。本当、お姉ちゃんって損な役回りですよ。

妹は天真爛漫《てんしんらんまん》な子でしたからね。馬生とは違って、わがままもあっけらかんと言っちゃうの。時々、困った子だなぁって思いながらも、やっぱりかわいいのよ。血のつながった大切な姉妹ですから。ところが、この妹に大変な出来事が起こったんです。

妹、養子に出される

喜美子が五つになりたてのころだったでしょうか。いきなり、お父さんが妹を子どものいなかった（桂）文楽さんとこに、養女に出すって言い出したんです。しかも「五円で売ることにした」って。話を持ちかけたのは文楽さんじゃなかったかしら。「孝ちゃん（お父さんの本名・孝蔵の愛称）のところは子どもが三人もいるんだから、女の子一人くれないか」とかって。

もちろん、お母さんが了承するはずもありません。でも、お父さんにしたら、ウチで食うや食わずの生活をさせるより、文楽さんのところに行ったほうが妹のためと思ったのね。みんな、お金のために娘を売ったって言うけれど、まずはそこなのよ。お母さんも、お父さんの思いを知って、うなずくしかなかったんでしょうね。あたしは、両親の間でそんな話がされてたなんて、まったく知りませんでしたけど。

それで、いよいよ文楽さんちに行くという日。お父さんが妹を連れて出て、お母さんは朝からウチでお祈りをしてました。一度は納得したものの、やはりわが子を手放すことはできない。だもんで「どうか連れて帰ってきますように」と必死に祈ってたんですね。その願いが通じたのか、それとも妹がただならぬ事態を察知《さっち》したのか、文楽さんの住む上野で電車を降りたとたん、火がついたように泣き出したそうです。ただもう泣くだけで、その場からてこでも動かなかったって。さすがのお父さんも無理やり引っ張って行くこともできず、養子話はご破算《はさん》になりました。あたしとしても、知らぬこととはいえ、この世にたった一人っきりの妹と離れればなれにならずにすんだんですから。本当、よかったですよ。

あたしの学校生活

さて、ここで少し、あたしがどんな学校生活を送っていたか、お話しましょうか。

あたしの通った業平尋常小学校には、一学級に五十人近くの生徒がいまして、男子と女子は別々でひとつだけ一緒の学級がありました。男と女で振り分けていって、最後に余った男女をひとまとめにしたらしいわね。あたしがいたのは女子学級でした。

お昼は給食なんかなかったから、お弁当です。あたしは自分で作って持ってってたのよ。お弁当のおかずで多かったのは、さつま揚げね。四角いやつで、当時は安かったの。それを醬油と砂糖で甘っからく煮て、お弁当箱に詰めたご飯の上に乗っけてくんです。そうすると、昼時にはご飯にさつま揚げの煮汁が浸みるでしょ。それだけでもおかずになるのよ。ご飯に味がついてりゃ、食べられちゃう。あたしはこれが大好きで、毎日のようにおかずにして持って行ってた。そしたらある日、同級生に「美濃部さんのお弁当は、毎日さつま揚げだね」って言われたの。でも、別に恥ずかしいと感じたりはしませんでしたね。それが貧乏くさいとか、そんな意識はまったくないから。

あと、放課後になると、先生が「今日、美濃部さん、残ってくださいね」とか言われることがあったの。「はい」って残るでしょ。そうすると帳面《ちょうめん》やら鉛筆なんかを、みんなにわからないように渡してくれるわけ。生活に困ってる家の子には、学校からの援助があったのね。そんなことも恥ずかしいなんて思いませんでしたよ。というより、援助を受けてるって意識すらなかった。先生がくれるというから、ありがたくもらうだけ。ほかの子への引け目も感じない。たとえ友だちに知られても、誰も何も言わなかったと思いますよ。今みたいに人と違うという理由でいじめたりなんてしなかった。それにあのころは、みんな似たり寄ったりの貧乏だったんだもの。

勉強は特別得意ということはありませんでしたねぇ。しいていうなら、読み書きかしら。今でいう国語です。「サイタ　サイタ　サクラガ　サイタ」なんて、教科書を読むのは好きでしたよ。でも、お習字は苦手だった。名前が長いじゃない、「美濃部美津子」って。漢字も難しいでしょう？　だからお題の文字をうまく書けたなと思っても、名前で失敗しちゃう。「美」だの「濃」だの、いくら細い筆で書いても、線がみんなくっついちゃって真っ黒になるのよ。それで最初から書き直し。でも、子どもながらに、だんだん知恵がつくのよね。先に名前を書いて、上手くいったらお題を書けばいいって。

算術、いわゆる算数は得意とはいえないけれど、好きでしたよ。でもそれはお母さんのおかげです。あたしたちの時代でも、夏休みのときなんかに宿題が出たんですよ。足し算や引き算の練習とかね。そうすると、お母さんがわら半紙で宿題の帳面をこさえて、そこに絵を描いて計算問題を作ってくれるの。たとえば、五匹のうさぎ引く二匹のうさぎとか描いて、答えはいくつ？　というようにね。お花や蝶々なんかの絵もありました。それがどれも上手なんです。

昔から、お母さん、絵は上手かったのよ。結婚前に白絹に日本画をたくさん描いて綴《つづ》った絹本《けんぽん》があったの。お母さん、これを大切にしてたんだけど、ある人が「こんだけの絵を描けるんだから、知り合いの画家に見せたい」と言って、持ってったんですって。ところが途中で嵐に遭って絵が全部だめになっちゃったの。それでお母さんの絵は一枚も残ってないんです。昔、よく言ってましたよ、「なくしちゃったのがもったいない」って。

それほどの腕前だもの、お母さんの絵で描かれた計算問題を解くのは、楽しくてしょうがなかった。もっとも、子どもがそう思えるようにと、工夫してくれたんですけどね。あたしが入学した翌年、小学校に上がった妹も同じく、お母さんお手製の宿題帳で勉強しましたよ。二人して、お母さんが内職してるそばで、夢中で問題を解いたわね。そのときは馬生も一緒にお絵描きしてたんです。あの子はお母さんの血を受け継いだのか、やっぱり絵が上手だったの。画家の鴨下晁湖《かもしたちょうこ》先生に勧められて、先生の下で習っていたこともあるんですよ。それほど才能があったみたい。まあ、結局、お父さんと同じ噺家の道に進んだんですけどね。

馬生の絵心

馬生は上手なばかりでなく、そもそも絵を描くことがとっても好きだったのよ。部屋の壁や戸棚、もういろんなところに描いちゃう。それを見たお母さんが、「これだけ好きだし、上手なんだから」って、わら半紙を買ってきて、馬生に与えたんです。そうすると、いつまでも黙って絵を描き続けていましたね。で、わら半紙を使いきると、また壁やら唐紙《からかみ》やらが被害に遭っちゃう。でも、お母さんは怒ったりしなかった。

まあ、なにせそこらじゅうになめくじの這った跡があるような長屋だもの、落書きくらいどうってことなかったと思うんですけどね。

馬生の絵は、近所でも評判でしたよ。長屋の前の路地を出ると、商店街があってね。そこの広めの道路がコンクリでできてたんです。あの子が三つ、四つのころに、その道路にロウセキでチャップリンの絵を描いたことがあるの。それも等身大の大きいやつ。おそらく映画の看板かなんかで見て覚えちゃったんじゃないかしら。もう道ゆく人がみんな立ち止まって見入ってたわね。「こんな小さな子が」というだけでも驚きなのに、本当に本物そっくりだったんですもの。そりゃあ、立ち止まりもしますって。

馬生は絵を描く以外の遊びは、あまりしなかったわね。近所の子たちと、チャンバラごっこするとかはまったくなかった。同じ年ごろの子どもと比べると、腕白《わんぱく》さや活気が足りなかったように思います。物静かな子だったしね。貧乏な盛りに生まれて育ったという環境も影響してたのかもしれません。でも、無事に生まれて、ちゃんと大きくなってくれただけで御の字ですよ。

というのも、実はお母さんは馬生が生まれた後、このなめくじ長屋で一人、死産を経験してるんです。そのときも馬生と同じく大変な難産で、お産婆さんから「このままじゃ、体も危険かもしれない」と言われたそうです。まさしく死ぬ思いで産み落としたんですが、結局死産だったのね。ある日、あたしが外で遊んで帰ってきたら、押入れに座布団が敷いてあってね。その上に死んだ赤ん坊が寝かせてあったのを、うっすらですが、覚えています。きっと母親としてのせめてもの供養《くよう》だったんでしょう。同じような状況の中で馬生は生まれてきてくれた。それはやっぱり、あの子の生命力の強さだと思うんです。

事実、おとなしかったし、一見ひ弱な印象を受けるけど、芯《しん》は丈夫な子でしたよ。もっとも、ウチの家族はみな丈夫だったわね。お母さんにしても、あれだけ働きづめだったにもかかわらず大病はしなかったし、お父さんも根っから丈夫。ちょっとした風邪くらい、お酒をクイッと引っかけて治しちゃってましたよ。

あたしたち子どもの特効薬はにんにくでした。たとえば、誰か一人が風邪ひくじゃない？　そうすると、お母さんがにんにくをすって飲ませるの。風邪をひいた本人だけじゃなくって兄弟全員。伝染《うつ》る前に予防しちゃえってことなんでしょう。三人並んで口を開けたとこに、お母さんがすったにんにくを指の先につけて、口の中に入れてくわけ。これがからいったらないのよ。でも、我慢して水をクッと飲んでから、飴を放りこんでくれるの。それでたいていは治ったわね。だからウチでは、お腹をこわしても、ちょっと頭が痛くても、とにかくにんにく。お母さんも「あんたたちはみんな、にんにくで治った」って言ってましたね。

お父さん、ラジオに出る

こんな生活を送りながら、なめくじ長屋での日々は過ぎていったんです。そして、お父さんの仕事も少しずつですが増え始めたころ、わが家に朗報《ろうほう》がもたらされました。当時、講談社の雑誌で〝速記本〟が流行《はや》ってたんですよ。売れっ子の噺家たちの噺を速記して、誌面で再現したものでね。いわば、読む落語とでもいうのかしら。その話がお父さんのところにも来たんです。売れっ子には、ほど遠かったんだけど、たぶん講談社でお父さんの噺を好きな人がいたんだと思います。ウチに速記者の人が来るでしょ。そうすると、あたしら子どもは、お母さんに「講談社のおじちゃんが来たから、みんな、表に行きな」って、外に出されちゃうの。で、お父さんが一席やるのを速記で書き留めていくのよ。

速記本の仕事でいくらかまとまったお金が入るようになったあと、今度はラジオでの寄席中継の出演依頼も来たんです。これにはウチどころか、長屋じゅう大騒ぎですよ。当時、ラジオはまだ庶民にとっては高値の花だったんだけど、一軒だけラジオを持ってた家があってね。そこんちにみんなして集まって聞いたのよ。あたしも少しは聞いたんでしょうけど、あまり覚えてないわね。だって、落語じたいよくわからなかったし、お父さんが噺をしてるといってもピンとこなかったのよ。

でも、このラジオ出演が好評で、新聞の批評でもよく書いてもらったんです。そんなこんなで、生活もいくぶんか楽になってきました。もっとも、お母さんに言わせると「楽っても、食べるものには困らなくなったくらい」ってことですけどね。それが、あたしが六年生のときのことです。

蕎麦屋でお別れ

その翌年の昭和十一年、あたしたち一家は住み慣れたなめくじ長屋を出ることになりました。場所は永住町（現在の元浅草）です。紙切りの（林家）正楽さんに、「いい家があるから」と紹介されたの。確か隣りが家具屋さんでしたよ。引っ越すときは、長屋じゅうで手伝ってくれたんです。大人だけじゃなくて、子どもまでね。「美濃部さんが出世して、ここから出るなんて、こんなうれしいことはない」って、みんな言ってくれて。出世というほどではないんだけど、その気持ちが子どもながらにうれしかったわねぇ。なめくじ長屋の人たちとはみんなして助け合って、ある意味、家族のように暮らしてきましたからね。誰かのウチにいただきものがあると、たとえ少しずつでも近所におすそわけしたり。ウチもお米がどうしても買えないときは、丼持って隣りや前の家に借りに行ったこともありました。でも、お返しはちゃんとするのよ。翌日なり、翌々日なりに内職のお金が入ったら、その足ですぐにね。どんなに苦しくても、借りたものは返す。それはほかの家も同じでしたよ。江戸っ子だもの、付き合いはきれいなんです。

山の手とかの奥様のようなお上品さはないけれど、みんな親切だった。どっかの家の子が風邪ひいたとなれば、「じゃ、ウチにある風邪薬持ってくるよ」って。その薬だって、やっと買って自分の子に飲ませた残りなのよ。普通なら、次のときのためにとっておきたいじゃない。でも、自分んちにあれば持ってって、よその子に飲ませる。そういう性分の人たちが集まってたわね。だからウチが引っ越すのも、心から喜んでくれたの。

でも、大家さんは不服ですよ。家賃の払いがまだ残ってたから。そこまでは余裕がなかったんです。大家さんにしたら、出てってくれてよかったと思ったでしょうね。それはともかく、引っ越すときに、お母さんが「長い間、お世話になったんだから、お蕎麦《そば》をみんなに一杯ずつおごろう」って言って、近くのお蕎麦屋さんに招待して、お別れをしたんです。家賃より近所への恩返しが先なんて、今の時代じゃ考えられないことでしょうね。

さあ、引っ越しだと、事前に頼んでおいた小型トラックの到着を待っていたんですが、昼を過ぎても来やしない。前日から降り続いた大雪のせいかとも思ったけれど、実は違ったの。その日は昭和十一年の二月二十六日。そう、二・二六事件の起こった日だったんです。青年将校が反乱を起こして、当時の大蔵大臣、高橋是清たち数人を射殺したという、あの事件です。それを夕方になってようやく到着したトラックの運転手から、「大変なことが起こった。私もちょっと行ってみようと思ったけど、通行止めになってて途中までしか行けませんでしたよ」って聞かされて。まあ、そのときのあたしには何のことやらさっぱりわかりませんでしたけど。永住町のある浅草は普段どおりとの話だったんで、とにかく引っ越しをすまさなきゃと荷物を急いで積んで、あたしたちもトラックに乗って新居まで行ったんです。

ねずみの居候

永住町の家は人がひとり、ようやく通れるくらいの狭い横丁のどん突きにありました。家の近くには府立第一女学校というのがあって、「ここは頭のいい女の子だけが来る学校なんだ」と思ったのが頭に残ってるわね。この新しい家は、なんと一軒家だったんですよ。一階が台所と四畳半一間で、二階は六畳でしたが、なんだか細長い家だったわねぇ。でも、初めての二階家でしょ。両親が結婚後に住んだ田端の家も二階家だったけど、そんときあたしは赤ん坊でしたからね。とにかく階段があるのがもの珍しくてうれしくって、兄弟三人で用もないのに上ったり下りたり、そのうち足踏みはずして転げ落ちたり。

ただ、この家にも迷惑なお客さんがいたのよ。ねずみっていうね。二階の部屋にいると、台所のほうからザザー、ザザーって音がすんの。何だろうと見ると、ねずみの行列。玄関から台所にかけて砂利《じゃり》が敷いてあったんだけど、その上をねずみが走り回るから音がするのよ。もう怖くて、気持ち悪くて部屋の戸を開けておけないの。なめくじから解放されたと思ったら、今度はねずみ。どこ行っても居候付きなんて、いやはや何ともですよ。

あたしたち兄弟は、その永住町の家から、業平の小学校まで歩いて通ったんですよ。清島町から電車通りって道をずっと行って、言問橋か吾妻橋を渡って業平橋まで、三十分はゆうにかかったわよ。もっとも、あたしは卒業の年だったから、一か月も通いませんでしたけどね。

女学校にあがる

小学校を卒業したあたしは、東京高等家政女学校に進学しました。料理とか仕立てものとかの家庭全般のことを教えてくれる二年制の学校だったんですが、小学校の先生が「美濃部さんに向いてるから」と、勧《すす》めてくれたの。わざわざ家にまで来て、両親に直談判《じかだんぱん》までしてくれたんですよ。「進学しないのは、もったいない。ぜひ、上の学校に進ませてあげてください」ってね。家計のことを考えたら、そんなところに行ける身分じゃなかったんですよ。でも、先生はそこまで困ってるとは思わなかったのかもしれない。

　ところが、先生の話を聞いたお母さんが言ったの。「せっかく先生がそう言ってくれてるんだし、ミツも家のこととか一生懸命やってきたんだから行きなさい。母ちゃんはもっと内職するから。父ちゃんもがんばるわよね？」と。最初は「そんな女学校なんて、月謝《げっしゃ》が払えないだろ」って言ってたお父さんも、お母さんのこの一言で「ああ、そうだな」なんて、あっさりお許しがでたのよ。それであたしは女学校に行けることになったんです。

　授業は楽しかったですね。もともと料理やお裁縫は好きだったし、家でもやってましたから。小学校の先生もそれを知ってたから、勧めたんでしょうね。年にいっぺんの行事で、縫い物をどれだけ短時間でていねいに仕上げられるかなんて競争も学校ではありました。みんなで講堂に集まって、お針板を置いた机んとこに並んでね。それで、「ヨーイ、ドン」で、さらしを裁《た》って、肌襦袢を縫うの。あたしは一番か二番でしたよ。なかなかのものでしょう？　夏休みには浴衣《ゆかた》を縫ったし、着物も紋付《もんつき》、羽織、袴《はかま》までひと通り教わったわね。袴なんて、とっても難しいんですよ。そのころ十三、十四だったのに、よく縫えたもんだと自分でも驚いちゃうわね。

お裁縫の先生は男の人でした。男性の縫い師って、当時、花柳界《かりゅうかい》にはけっこういたのよ。でも、学校の先生では珍しかったわね。その先生がまたいい方でねぇ。いくらお父さんやお母さんががんばって働いてくれても、やっぱり月謝を払えないときもあったんです。そうするとお母さんがすまなそうに、「今日は月謝が払えないから、先生に『忘れた』と言ってくれるかい」って言うわけ。あたしもそのとおりに告げたんですが、先生は事情を察したんでしょう。何かと気遣ってくれましてね。刺繍《ししゅう》の時間のときに、自分の着物や帯地を持って来て「これに刺繍しなさい」って、材料を貸してくれたりもしたんですよ。この先生といい、小学校のときの先生といい、学校でも私は恵まれていましたね。その気持ちに応《こた》えようと、あたしも一生懸命勉強しました。何より大変な思いをしながら女学校の月謝を払ってくれたお母さん、お父さんのためにもね。そのかいあって、あたしはお父さんの高座の着物や紋付、袴なんかをお母さんに代わって縫えるようになったんですよ。

神明町の一軒家

あたしが女学校の二年生のときに、永住町から神明町（現在の文京区本駒込）に引っ越しました。確か、お父さんがお世話になっていた（柳家）三語楼さんのところに、お母さんがお金を借りに行ったんですよ。お父さんが博打に負けたとかでお金がなくて、頼みに出かけたのね。そのとき三語楼さんちの前の家が空いてるって聞いたの。

で、三語楼さんの近くに住んだほうが、何かと心強いと思って引っ越しを決めたそうですよ。

神明町の家は平屋です。かなり古い造りの家でした。玄関を開けると二畳くらいのたたきになってて上がりかまちがあるの。上がったとこに二畳くらいの部屋があって、台所に続いてるんです。それから六畳の部屋が二間続きになってて、唐紙で仕切られてた。小さいながらも、ちゃんと床の間もついてたの。そこにあたしが学校で作ったお人形なんかが置いてあったのよ。庭もあって、けっこう広かったんです。木戸を開けて、玄関って感じだったわね。でね、玄関のたたきにお風呂があったの、小判型の。玄関にお風呂ったって、もともとついてたわけじゃないわよ。わざわざ玄関に、そんなじゃまなもの取り付けないもの、普通は。

実はこのお風呂、お父さんが衝動買いしちゃったんですよ。近所に風呂桶《ふろおけ》を作っている家があったの。それを見て、

「この風呂……そうだ、玄関。あすこのたたきんとこに置けるぞ、それで入れば便利だな」

とか思って、買ってきちゃったのよ。でも、あたしはそのお風呂に入った記憶がないんです。たぶん、誰も使わなかったんじゃないかしら。ええ、当のお父さんでさえもね。玄関で裸になるのは抵抗あるもの。いきなり誰かが訪ねてきたら、どうするの。

それに入るとしたら、お湯を沸《わ》かして風呂桶まで何往復も運ばなきゃならないんですよ。どう考えても、無理ですって。結局、銭湯に行くことになるでしょ。となると、単にじゃまでしかないのよねぇ。玄関開けて、家に上がるのに「よいしょ」って風呂桶をまたがないとならないんだから。お父さんもそこにようやく気づいたのか、それともお母さんにお小言をもらったのか、いつのまにか小判型の風呂桶は、ウチの玄関から姿を消しました。

強次が生まれて

神明町に引っ越して間もなく、お母さんは四人目の子を身ごもりました。馬生が生まれてから実に十年ぶりです。わが家にめでたい出来事が訪れていたこのとき、日本は不穏《ふおん》な空気に包まれていました。同じ年の七月、北京の郊外で日本軍と中国軍が衝《しょう》突《とつ》した盧溝橋《ろこうきょう》事件をきっかけに日中戦争が始まり、国内にも軍国主義の波が押し寄せつつあったんです。けれど、普通に暮らすあたしたちは、まだそんなことに気づくはずもありませんでした。

年が開けた昭和十三年の三月十日。その日、お父さんは名古屋へ十日間の興行《こうぎょう》に出かけました。出発したその日、お母さんが産気づいて、あたしと妹、馬生を家に残して一人でお産婆さんのところへ行ったの。ほどなくして男の子が生まれ、すぐに三語楼さんが名古屋のお父さんに電報を打ってくれました。三語楼さんは名付け親にもなってくれたのよ。名前は強次。「強い人間になるように」との思いを込めての命名です。

初めて強次を見たとき、丸顔でなんて愛らしい子だろうと思いました。顔を見に来た近所の人たちもみんなして「かわいい、かわいい」って、ほめてくれたの。このときも、ウチでは馬生が生まれたときと同じく、『うさぎや』のどらやきを食べたんです。あたしにしたら、さしずめ祝い酒みたいなものね、こうして美濃部家に誕生したあたしの二人目の弟――それが古今亭志ん朝です。

第二章　お父さんの襲名

『桃太郎』の噺

志ん朝が生まれて誰より喜んだのは、やっぱり両親でしたね。なにせ二人とも四十を過ぎてからの子どもで、しかも末っ子でしょ。相当にかわいかったんだと思います。あの子が生まれたとき、お父さんは名古屋にいたわけですが、興行を終えて家に帰ってきたとき、あたしら家族は驚いたのよ。だって、持ってった着物を質入れせず、借金も作らないで、ちゃんとまともに帰って来たんですから。普通の人ならあたりまえかもしれないけれど、ウチのお父さんですよ。お母さんも「こんなこと、一緒になって以来、初めてだよ」って、目を丸くしてましたっけ。子ども四人目にして、ようやく父親の自覚がわいたんでしょうかねぇ。

それに、このころのお父さん、高座では『桃太郎』の噺ばかりしていたそうです。この噺は父親が子どもを寝かしつけるために、昔話の『桃太郎』を聞かせるという内容なんですけどね。枕（噺のフリ）に使うような短い噺で、お父さんくらいの噺家がわざわざ高座にかけるようなものじゃないのよ。それなのに立て続けにやるもんで、前座さんが、お父さんが高座に上がる前から、ネタ帳に『桃太郎』と書いちゃってたって話です。あたしが思うに『桃太郎』という昔話じたい、男の子が鬼退治に行く話だし、それくらい強くたくましくなれという親心だったんじゃないかしら。それが照れ屋のお父さんなりの愛情表現だったのかもしれません。

そして、あたしたち家族と同じくらい、志ん朝をかわいがってくれたのが名付け親の三語楼さんでした。あの子を「バナナ」という愛称で呼んでたの。お父さんが志ん生を襲名する前の名前が金原亭馬生だったので、「芭蕉」の子ってことで付けたみたい。「バナナ（実芭蕉）、かわいや」と言いながら、抱っこしてくれてね。残念ながら、志ん朝が生まれた翌年に亡くなったんですけどね。もう危ないってときにお母さんが志ん朝を抱いて、枕元に連れてったんです。そしたら三語楼さん、赤ん坊の志ん朝の手を握って、そのまま息を引き取ったそうです。志ん朝を、わが子のように愛してくれたんですね。

志ん朝が生まれた二か月後の昭和十三年五月、日本に「国家総動員法」という法律ができました。教育や行事、娯楽とかの生活のあらゆる面で、国民が戦意を高めるよう国が統制を始めたんです。翌年の九月からは、戦場にいる兵隊さんの苦労を考えてって自粛《じしゅく》しなきゃいけないってんで、毎月一日の「興亜奉公日」も定められたの。その日は食事は一汁一菜、禁酒禁煙、料理屋さんなどは休業しなきゃならなかったのよ。でも、昔から貧乏暮らしのウチにとったら、一汁一菜なんか日常茶飯事でしたからね。まだまだ戦争という現実に実感がともなわなかったのが、正直なところだったんです。

ささやかな初恋

さて、志ん朝が生まれたころ、あたしは女学校を卒業して、麻布の貯金局で勤め始めました。ちゃんと試験も受けましたよ。そのとき採用されたのは、あたしのほかにいくらもいなかったんじゃないかしら。女学校で教わった和裁を仕事にしようとは思いませんでしたね。仕事に役立てるというより、お父さんの着物縫ったり、お母さんの手助けができたらって気持ちで勉強してましたから。

就職が決まったときに、とくに家でお祝いをしたりはしなかったわねぇ。ウチじゃあ、そんなお祝い事はしないの、昔っから。あたしら子どもの誕生日すらやったことないもの。お父さん曰く「そんな誕生日なんか、誰にでもあるんだから、祝うほどのこっちゃない」ってことらしいわね。

お勤めには着物じゃなくて、洋服を着て行ったのよ。といっても、今みたいな上下揃いの通勤着とかじゃなくて、本当に普通の格好《かっこう》です。ちょっと模様の入った木綿のブラウスにスカート、冬になったらブラウスがセーターに変わるって程度ですよ。そのころは、そんなにお洒落《しゃれ》したって記憶はないんです。

あたしが担当した仕事は、振替貯金の伝票整理だったわね。何しろ見るもの聞くものの初めてのことばかりでしょ。ただもう仕事を覚えるのに必死でした。そこでの思い出といったら……そう、職場に素敵な男性がいたのよ。何年か先輩で、俳優の本郷功次郎に似た人だったの。若い人はご存知ないかもしれないけれど、とっても二枚目の俳優さんなんです。職場行って、その人に会うと、何だかうれしくってね。そんな気持ちを抱いた人は初めてでした。

それが初恋かって？　恋まではいかないわねぇ。だって、あたし、まだ子どもだったもの。そりゃ今時の十四、五歳なら、恋だの何だのって年ごろでしょうが、あたしたちの世代は、もっとおぼこかったんですよ。ただ「ああ、あの人、素敵だなぁ」って思ってるだけ。ほら、映画スターに似た人が近くにいるってだけで、何かほんわかと夢見ているみたいな感じになるじゃない。そんなんだもの、口をきいたことすらなかったのよ。

一年ほどたって、ようやく仕事を覚えたかなってときに、あたしは仕事を辞めることになりました。というのも、志ん朝がヨチヨチ歩きを始めて目が離せなくなったので、あたしが面倒を見ることになったの。そのころは暮らし向きがよくなってきて、お母さんは内職をせずともよくなったのね。でも、家のことはしなきゃならないでしょ。お母さん、「心配で、強次を一人にしておけない」って言うわけ。もう、お母さんにしたら、それだけかわいいんですよ。

そう言われたら、あたしも放っておけないじゃない、長女として。特別、仕事に未練があったわけでもないので、「なら、あたしが強次をみていたほうがいいわ」ってんで、辞めたんです。それからはお母さんとあたしで、志ん朝の世話をしたの。お母さんが台所仕事をするときは、あたしがついてて、あたしが台所にいるときは、お母さんがそばにいた。必ずどっちかがつきっきり。まるでお殿様みたいにして、あの子は育ったんですよ。

志ん生襲名

そうして、あたしが仕事を辞めたのと同じ年の昭和十四年。お父さんが五代目・古今亭志ん生を襲名《しゅうめい》することになったんです。志ん生の名前を継ぐことはお父さんの念願だったから、そりゃ嬉しかったと思います。でも、それ以上に喜んだのは、お母さんじゃないかしら。結婚してから、ずっと苦労しながらも、お父さんの芸への熱意だけを信じてついてきた。それがようやく実を結んだんですもの。ちょっとやそっとの言葉じゃ言い表わせないくらいの感慨があったでしょうね。

襲名披露は上野の精養軒で行ないました。お母さんも出席しましたが、そんな表舞台に顔を出したのは初めてだったと思いますよ。寄席の楽屋ですら、「父ちゃんの仕事場には近寄っちゃいけない」からって、それまで一度も行ったことがなかったんですから。それで、披露目が終わったあと、お父さんをかわいがってくれていた講釈師の一龍斎貞山《いちりゆうさいていざん》先生がお母さんのところに来て、みんなが持ってきたご祝儀《しゆうぎ》をそっくり手渡してくれたそうです。お父さんが持っていたら全部遣っちゃうし、何より「志ん生がここまで来れたのは、おかみさんのおかげだ」というのも、わかっててくれたのね。その気持ちに、お母さんも涙を流して喜んでいました。

それから襲名披露興行が始まりました。その高座でお父さんは『替り目』という噺を何度もしたそうです。志ん朝が生まれたときに『桃太郎』ばかり演ってしまったようにね。『替り目』って夫婦の情の物語なの。飲んだくれのどうしようもない亭主が、あるとき女房のいないところで、「うちのヤツほどいい女はいない。いつも苦労かけてすまねぇと思ってるんだ」って本音を吐くというお話。まるでお父さんとお母さんのことを言ってるようじゃないの。別にお父さんは意識して選んだわけじゃないのかもしれません。そんなこっ恥ずかしいことはできない人だもの。でも、自分では気づいてなくても、どっかにお母さんに感謝の思いを伝えたいって気持ちがあったんじゃないかしらね。

志ん生を襲名してから、お父さんの仕事はさらに増えていきました。でも、名前のおかげだけじゃなくて、芸にも磨きがかかってきたんだと思うの。噺は上手くても地味だったお父さんですが、生前の三語楼さんの芸を見て、噺が上手いだけじゃだめだと気づいたのね。そのころ、三語楼さんは高座でくすぐり（ギャグ）をいろいろ入れたりと工夫して、お客さんに受けてたんです。それで自分も噺の派手さを身につけようと思った。つまり、噺だけ淡々とするんじゃなく、くすぐりをうまい具合に入れたりしてメリハリをつけるというね。

そうしてやってみたらお父さん、くすぐりも上手いんですよ。絶妙な塩梅《あんばい》でパッパッと入れるわけ。加えてお父さん生来のとぼけた味もにじみ出るようになって、お客さんに受けたんです。そうなると、よくしたもので人間、だんだん派手になってくるものなんですよ。もっと面白くしよう、もっと笑わせようってんでね。その結果が仕事にもつながってきたわけです。

志ん朝の母親代わり

こうして、どうにかわが家の生活も安定するようになりました。あたしはあいかわらず志ん朝の世話や家事を手伝う毎日でしたが、一度だけ三味線のお稽古に通ったことがあったわね。妹が習いに行きたいと言い出して、お母さんが「じゃ、ミツも一緒に行きな」ってんで、習うことになったんです。お稽古事ができるくらいの暮らし向きになってたってことよね。でも、たった一日でやめちゃった。妹はわりかし筋がよかったんだけど、あたしはさっぱりでねぇ。お父さんに似て、ぶきっちょだから。お稽古してる間、あとの順番の人が四、五人並んで見てるんですよ。もうきまり悪いったらないの。で、やめちゃったんです。

このときは、あたしは家ん中にいるのが性に合ってるのかもしれないなんて思ってたわね。退屈なんかしませんよ。家事だって、やることはたくさんあったし、何より志ん朝が少しずつ成長する姿を見るのも楽しかった。もう、母親の心境だわね。あの子は、ほかの兄弟とは年がうんと離れてるでしょ。すぐ上の馬生とだって十も違うんですから、ほとんど一人っ子みたいなもんですよ。小さいころから鷹揚《おうよう》な性格でね、ボーッとしてたと言ったほうがいいかもしれない。

そのころ、子どもたちの間でロウセキが流行ってたのね。みんなしてロウセキで道路に絵を描いたりして遊んでたの。ウチでも志ん朝に買ってあげて、鴨居《かもい》んとこに並べておいたんです。で、それを持って遊びに行くんだけど、いっつもロウセキを道に置いてきちゃう。すると、近所の子たちがサッと持って帰るんですよ。でも、あの子はまったく気にしないで、次の日にまた新しいロウセキ持ってっちゃあ、忘れてくる。その繰り返しです。もう、ほかの子たちが志ん朝のそばにくっついて遊んでたもの、ロウセキ目当てで。とはいえ、そんなおっとりぶりがまたかわいかったんですよ。それにどことなく品のある子でね。あれは七五三かなんかのときだったかしら。白い丸《まる》襟《えり》のついた別珍《べっちん》の上着と半ズボン姿の志ん朝ときたら、まるで童話に出てくる王子様みたいだったんですよ。

そんなふうにあたしが志ん朝の母親代わりをしているころ、馬生は小学校を卒業して富士フイルムに就職したの。そのときは写真家を目指してたんですよ。自分でもずいぶん写真を撮ってたわね。現像代が高いからって、ウチに機材だの持ち込んで現像までもしてましたよ。

妹は女学校を出てから、赤坂で芸者をやってました。お父さんの知り合いの紹介で行ったんだけど、当時赤坂にいた売れっ子のお姐《ねえ》さんとこに入ってね、でも、この人がものすごく厳しい人だったらしくて。妹も気が強かったから、お尻まくってパッと辞めて帰ってきちゃった。その後、三味線のお師匠さんとこについて三味線豊太郎って名前をいただいてね。戦後は美空ひばりさんや三橋美智也さんとかの歌謡ショーについて回ってお三味を弾いてたこともあるのよ。それから花柳流の家元んとこの内弟子にも入ったの。そこでは花柳喜美香って名前をいただいた。あの子はお父さんの血を引いて芸事に向いてたんですよ。

太平洋戦争始まる

昭和十六年の二月。お父さんは神田にあった花月という寄席で、独演会を始めました。毎月、三席ずつやったんですが、いつも大入りだったようですね。まさにお父さん、乗りに乗ってたんです。

けれど、その年の秋ごろ、日本はいよいよのっぴきならない状況に立たされました。というのも十四年の九月三日に第二次世界大戦が始まっていて、日本とアメリカとの関係も悪化してたんですね。いつ大国のアメリカ相手に戦争が起こるかもわからない。国家が緊張状態にある中で、あたしたちの暮らしも否応《いやおう》なく変えられていったの。町かどには「ぜいたくは敵だ」と書かれた立て札があちこちに掲げられ、軍艦や武器を作るために一般家庭から鍋釜なんかの鉄製品が徴収《ちようしゆう》されてね。食べ物や洋服、靴、石鹸なんかの日用品は配給制になった。配給制度というのは、お金があるからって物が買えるわけじゃないの。たとえば、お米なら一人一日二合とかって国が割り当てて、配給切符を配るわけ。で、その切符を渡さないと手に入れることができなかったんです。とにかくあれよあれよという間に、日本は戦争一色に染められていきました。

落語界もそんな時代を反映して自主規制をしだしたの。遊郭の噺やお酒がらみの噺などは、このご時世に不謹慎だってんで、高座にかけることを禁じちゃったんですよ。

浅草の本法寺に〝はなし塚〟っていう塚まで建ててね、禁止にした噺の題名とその台本を葬ってしまったの。『明烏《あけがらす》』や『木乃伊《みいら》取り』、『居残り佐平次』など、その数は五十数本ほどあったそうです。となると、困るのは噺家ですよ。持ちネタが少ない人ほど、高座で演るネタがさらにないもんだから困っちゃうわけ。でも、お父さんは、へっちゃらでしたね。持ちネタの数ときたら、そりゃかなりのものでしたから。それでも、好きなネタができないのは、不服だったようですよ。そして迎えた昭和十六年十二月八日——。太平洋戦争が始まったんです。

開戦の日のことは、実はほとんど覚えてないんですよ。戦争が始まったといったって、それがどういうことなのかはわからない。だって経験がないんだもの。近所の人が「アメリカから飛行機が来て、爆弾を落とされるんだよ」と言ってたけれど、まるで実感がわかないんですよ。実際、飛行機なんか飛んで来やしないし、爆弾だって落とされなかったのよ。本当に日本は戦争してるのかって思ったくらい。

でも、そのうちやっぱり来たわよね、敵の飛行機が。それが開戦翌年の四月十八日、初の本土空襲だったんです。東京以外に、川崎、横須賀、名古屋、神戸、四日市なんかに爆弾が落とされたらしいわね。こんときはB25っていう中型爆撃機でね、そいつが爆弾とか落としてくわけじゃない。それ見て「ああ、本当に戦争なんだ」って。それでも、最初はどこか絵空事みたいな感覚もありました。やっぱり、実際に近くに爆弾を落とされて、家が燃えてくのを目の当たりにしだしてからよね、ぞわぞわっと恐怖が押し寄せてきたのは。

　本格的な空襲が始まったのは、昭和十九年になってからなんです。そりゃもう昼でも夜でもおかまいなしに来ましたよ。敵機が来るぞってなったら、まず一番に警戒警報が鳴るの。ウーッてサイレンが。夜は灯火《とうか》管制《かんせい》っていって風呂敷とか黒い幕なんかで家じゅうの電灯を覆うんです。そうしないと、灯りめがけて爆弾落とされるから。灯火管制用電球ってのもあって、はなから電球の回りが黒く塗ってあるやつなの。これだと、つけても真下にしか灯りが漏《も》れないのよ。それから近くに爆弾が落ちて爆風で壊れちゃいけないってんで、戸板を打ちつけてる家もあったわね。その戸までも黒く塗ったりして。

　だけど、よくよく考えてみれば、そんなことしたって結局は無駄なんですよ。向こうにしてみたら、この下に町があるって、もうわかって飛んできてるわけでしょ。目標さえ定まってたら、あとは闇雲《やみくも》に爆弾落としゃあいいんだもの。でも、しょうがないのよねぇ。あたしたち一般人は戦争したことないんだから、そんなことがわからないんですよ。

　そうこうしてるうちに、隣組のおじさんたちが「敵機来襲っ！」て、怒鳴りながら知らせるのよ。それは軍の上のほうから電話かなんかで連絡があるんです。すると、間もなくブワァーッてB29が何列も何列も連なってくるの。ウチの上に落とされるんじゃないかって身を縮こませてると、上空を通り過ぎて向こうのほうでドーン！　ダーン！　って爆弾が落ちるのよ。とりあえず自分とこは助かったたって外に出てみると、爆弾落とされたとこが燃えてるんです。

普通の爆弾のほかに、焼夷弾《しょういだん》ってのもあるのよ。火事を起こさせるのを目的にした爆弾でね。当時の日本の家なんて、木でできた家ばかりじゃない。焼夷弾で十分なんですよ。落とせば、どんどん燃えていくっていうね。何かね、爆弾より焼夷弾のほうが安上がりだったそうです。だから焼夷弾をいっぱい落とされた。落っこちてくるときの音って花火みたいなんですよ。ヒュ〜、ヒュ〜って。だからあたし、今でも花火の音聞くと一瞬ビクッとしちゃうんです。

空襲に備えて、あたしたち銃後の人間は防火訓練や退避《たいひ》訓練《くんれん》、非常用炊き出し訓練なんかをしょっちゅうやってました。防火訓練といったって、バケツリレーなんですよ。昔の影像とかで見たことがある人もいると思いますが、水を入れたバケツを一列に並んで隣の人に渡してくわけ。そんなことしてるあいだに全部燃えちゃうっていうの。実際に焼夷弾が落とされて家とかに火がつくと、バケツリレーだけじゃなくて、竹ざおの先に縒《よ》った藁《わら》をとりつけたもん使ってパタパタと火を消したりもするんですよ。藁んとこを水で濡らしてね。これだって役に立ちゃしない。パタパタやってるぞばから藁が燃えてきちゃうんだもの。まったくこんな方法、誰が考えたんだか。でも、そんなことしか手段がなかったのよね。

それから、どこの家も自分ちの庭とかに防空壕を作ってました。家の中の畳を上げて、床下を掘ってた人もいたの。でも、もし家が燃やされたら、逃げられないじゃない？　どうするつもりだったんだろう……。ウチもごたぶんにもれず、庭に作りましたよ。神明町の家の庭はわりかし広かったから、二畳分くらいの大きめのものが作れたの。それも立派なやつだったんですよ。掘った下にはちゃんと板を敷いて、側面には青竹が張り巡らされてるの。わざわざ庭師に頼んで作ってもらったんです。防空壕の中には、お米や醬油、お酒、布団なんかを置いてました。で、B29が来たって空襲警報が鳴るたびに、そこにみんなして入るわけ。

馬生の志願

空襲はますます激しくなり、これはあとから知ったことですが、戦局が日本にとって厳しくなりだしたころでした。ある日突然、馬生が「少年飛行隊に志願する」って言い出したんです。あの子がたった十五、六のころよ。でも、馬生が特別だったわけじゃないの。あの時代はみんな、それくらいの年頃で兵隊に行くことを考えてたんです。お国のためにってね。

だって男の人はみんな毎日のように出征したんですもの。昨日は向かいの誰々さんちの息子、今日は三軒先の家のご主人ってふうに、戦地に次々旅立ってった。それを近所の人が、万歳三唱《ばんざいさんしょう》して盛大に送り出すわけですよ。だけど、家族の心中はどんだけつらかったか。いくら日本じゅうが戦争一色に染まっていたとはいえ、どこの世界にわが子や夫を喜んで「お国のために、立派に戦ってきなさい」なんて差し出す人がいるでしょう。それは死を意味するんですから。

それで女性は千人針というのを縫ったのよ。出征《しゅつせい》した夫や子どもの無事を祈って、街頭でよその女の人に布に一針、一針、赤い糸を通して糸玉を結んでもらうんです。それをお守りに持たせるの。図柄は虎をかたどったものが多かったのよ。「虎は千里を走り、千里を帰る」といわれてるので縁起《えんぎ》がいいって。糸を通してくれた人が寅年生まれの女性だと、その人の年の数だけ糸玉を結んでもらってたの。あとは「死線を乗り越える」からと五銭玉を、「苦戦を越える」ために十銭玉を一緒に縫いつけたり。ただのゲンかつぎと思われるかもしれません。けれど、たとえ気休めでも、母や娘たちは戦地に行く家族のために何かしないではいられなかったのよ。

そんな中での馬生の志願したいって話でしょ。もちろん、お父さんもお母さんも大反対だった。ましてや馬生は、体もそれほど強かったわけじゃない。だけど、どんだけ両親が説得しても、馬生の決意は変わらなくてね。結局、志願することになったんです。

ところが、身体検査で落とされちゃったの。実は戦争が始まるころに、馬生は盲腸の手術をしてるんですよ。それも腹膜炎を起こすくらいのひどい状態だった。でも、時世が時世だから麻酔《ますい》の量を減らされちゃったようなんですね。薬も少なくなってたってことなんじゃないですか。だもんで、手術の途中で麻酔が切れちゃったの。そのとき、あたしが付き添いで外で待ってたんですが、中から馬生の、

「痛いっ！　助けてーっ、ひと思いに殺してくれーっ！」

って、絶叫が聞こえるんですよ。生まれてこのかた、大声なんて出したことのないおとなしい子だったでしょ。あたし、あとにも先にも、あの子のあんな大きな声って聞いたことがない。もうかわいそうでかわいそうで、思わず耳をふさいじゃったわよ。その予後も悪かったから、それで検査に引っかかっちゃったんじゃないかしら。あたしら家族はホッとしましたけどね。

馬生、噺家となる

それからほどなくして、馬生は父である志ん生の下に入門し、噺家になりました。どういう心の動きがあっての決断だったのか、あたしにはわかりません。でも、その後、あの子がとても苦労したことだけは、この目で見てきましたよ。通常、東京の噺

家は、前座修業から始め、二つ目、そして真打へと昇進します。けれど、馬生が入門したのは戦時下でしたからね。二十歳を過ぎた若い噺家さんはみんな徴兵されて、二つ目の数が圧倒的に足りなかった。だもんで、馬生はお父さんに噺を二つ、三つ教わっただけで、前座なしでいきなり二つ目として高座に上がらされたの。

戦争のさなかでも、このころはまだ、お客の入りはよくないとはいえ寄席は開いてたんです。でも、たとえお客が少なくたって、昨日今日噺家になったような馬生が高座を務《つと》めるのは、大変な重圧ですよ。だからもう、あの子も二つ目の名に見合うようにと、死に物狂いで勉強したんです。お父さんだけじゃなく、(談洲楼《だんしゅうろう》)燕枝《えんし》さん、(柳家)つばめさんなどといった、よその師匠のところにも通って噺を教わってたの。

当時は、師匠それぞれに得意とするネタを持っててね。たとえば、うちのお父さんなら『火焔太鼓』が古今亭志ん生の十八番といわれ、ほかの噺家さんはあえて『火焔太鼓』を高座にかけたりはしなかったんです。だから、この噺を覚えたいというときは、それを得意とする師匠のところに稽古に行ってたわけ。

とはいえ、師匠んとこに行けば、すぐ稽古をつけてもらえたってことでもなかったの。薪《まき》割りとか水汲みとか家の手伝いをさせられたりしてね。ある師匠なんか、そんな雑用ばかりで十日通って、ようやく噺を一つ教えてくれたなんてこともあったようですよ。そうやって馬生なりに努力をしていたのだけど、なおもつらいことがあの子の身にふりかかったの。それはもう少しあとのお話なんですけどね……。

頼りにならないお父さん

昭和二十年になり、戦火はいっそう凄《すさ》まじいものになりました。そんな中、十万人もの人の命を奪った最大規模の空襲が江東地区周辺を襲ったんです。それが三月十日の東京大空襲。このとき、お父さんがさんざんお世話になった貞山先生も亡くなって。もういつ誰が死んでも不思議じゃないって感覚になってた。ええ、もちろんあたしたち家族もです。国民はみんな、服に名札をつけてたのよ。住所や名前、年、血液型なんかを記したものをね。空襲でケガしたり、死んじゃったりしても身元がわかるようにってわけですよ。本当、常に死と背中合わせの毎日だったんです。

いつ、ウチのほうにも大きな空襲がくるかもわからない。とっても不安だったわよ。それで、とりあえずお母さんは七つになったばかりの志ん朝を連れて、埼玉に疎開《そかい》することになったの。そこにはお母さんの弟夫婦がいたんです。疎開するとき、着物や布団などの東京にあった荷物を埼玉まで運びました。ウチに置いといたら、いつ空襲で燃やされるかわかりませんからね。

疎開といえば、一家全員で疎開して家がもぬけの空になると、国がその家を壊しちゃったのよ。都心部は家がたくさんあるでしょ。しかも木造だから、空襲でやられるとどんどん焼けてっちゃうってんで。ウチの近所の家も壊されたけど、それがすごいのよ。男の人たち十数人がやってきて、ずかずかと家に上がりこんでね。ハンマーとかでガンガン壊してっちゃうの。仕上げは家にロープをくりつけて、みんなで「せーのっ」で引っ張るんです。二階家だったんだけど、安普請《やすぶしん》の家ばかりだから簡単にガラガラと崩れ落ちるのよ。いくら防火のためとはいえ、ここんちの人が帰ってきたらどうすんだろうって思った。あとで聞いたら、自治体から報酬金《ほうしょうきん》が出たものの、ほんのちょっとの額だったらしいの。戦争って、あたしたち一般人から本当に何から何まで奪ってくものなんですよ。

そんな中、わが家にはお父さんと馬生、踊りの師匠のところから帰ってきてた妹、そしてあたしの四人が残されたわけです。お母さんが不在となった今は、あたしがしっかりと家を守んなきゃって腹を据《す》えましたよ。本当なら一家の長であるお父さんの役目だけど、まったくもって頼りにならないんだもの。なんてったって、空襲になると一番先に逃げちゃうのよ。とにかく怖がりな人でしたからね。空襲警報の前の警戒警報ですら、ウーッて鳴ったとたん、飛び跳ねる。で、押入れに頭だけ突っ込んで、怖さをまぎらわすためにお酒を飲んじゃう。

あるときなんか、空襲警報が鳴って、表に逃げようとするお父さんを捕まえて、防空壕に入ったんですよ。それが、ものの一分も経たないうちに、「やっぱし、こっから逃げなきゃ大変だ」って、飛び出してっちゃったの。それも空のヤカンを手にしてね。わけもわからず、とっさにそばにあるものをつかんだのね、きっと。第一、お父さん、逃げるといっても、あてがあるわけじゃないのよ。ただもう怖いってだけで、闇雲にダーッと走ってっちゃう。で、結局は迷子になっちゃうんです。だから、あたしたちが後を追いかけて捕まえなきゃならなかった。本当に人騒がせなお父さんでしたよ。

そんなさなかの四月十三日、あたしたちの住む町にも大きな空襲が来たんです。あれは夕方だったと思います。いつものように警戒警報が鳴ったの。その日のお父さんは、なぜか警戒警報だけでダッーっと飛び出してったんですよ。あわてて、あたしと妹、馬生であとを追いました。いつもは空襲に備えて用意したカンパンや懐中電灯、包帯なんかを入れたかばんを持って出るんだけど、こんときはそんな余裕もなかった。ぐずぐずしてると、お父さんを見失っちゃうから。

あたしたちが止める声が聞こえてんだか、いないんだか、お父さん、田端方面に向かってどんどん走ってく。あたしたちはただもう、あとをついてくだけ。そしたら上空でブワーッて聞きなれた音が……。B29なんです。頭上を過ぎたB29があちこちに焼夷弾を雨のように落としてくの。落ちたそばから真っ赤な炎が上がって、あたしたちの周りを取り囲むように燃え上がってるんです。その火がどんどん迫ってくるようでね。方々に逃げまどう人たちとぶつかったりしながら、とにかく火のないほうへ、火のないほうへと、無我夢中で走ったの。そこらじゅうで悲鳴が聞こえたりもして、そりゃもう怖かった。

で、田端と駒込の間に陸橋があってね。その下に線路が通ってたの。橋の下の線路んとこに身を隠せばB29からは見えないから爆弾を落とされないだろうと、そこに隠れたんです。同じように思って逃げ込んだ人で、橋の下は満杯でした。今思えば、橋の上に落とされたら一巻の終わりだったのよね。でも、そのときはそんなこと考える余裕はありませんでした。だって橋の対岸じゃ、焼夷弾がバラバラ落っこちて、家なんかがボウボウ燃えてたのよ。すぐ目の前なんですから。本当、生きた心地がしなかったわね。

燃えさかっていた炎の勢いがおさまったころには、もう夜が明けていました。命が助かったとなると、今度は家がどうなってるか気になってね。まだ呆然《ぼうぜん》としてるお父さんに「帰ろう」つって、ふと見たら……。お父さん、どういうわけか木剣を握りしめてるんですよ。夕べは逃げるのに必死で全然気づかなかった。「なんで、そんなもん持ってんの?」って聞いたら、「いや、それは俺にもわからない」ですって。やっぱり、逃げるときにそばにあったんで、思わずつかんじゃったんでしょうね。でもねぇ、どうせなら、もう少しましなもの持ってきなさいっていうの。あたしたちはいきなり飛び出したお父さんを見失わないようにするのに精いっぱいで、何にも持って出なかったんだから。

　神明町に戻ってみたら、もう一面焼け野原、建物ひとつ、木一本すらありゃしない。もののみごとに全部燃えちゃってたわね。当然、ウチも跡形《あとかた》もなかった。なんでも、三月十日の東京大空襲に次ぐひどさだったようですね。焼け跡の始末をしていたら近所の人が来て、「美濃部さんとこは、防空壕からいろんなもの持ち出したから、助かったでしょう」と言うんです。もちろん、あたしたちの誰も何も持ち出してません。そしたら、「あら、だって、一生懸命運び出してる人がいたわよ」って。真相は近所の男の子が空襲の最中にウチの防空壕にしまっておいたお米やらお酒やらを持ち出したようなんです。あの空襲の中、そんな余裕があったなんて、逆に感心しちゃったわよ。それに残ってたって、どうせ燃えてたでしょうしね。ただ、お父さんはお酒がなくなってガッカリしてましたけど。やけっぱちなこんなときこそ、飲みたかったのかもしれないわね。

　家を焼け出されたあたしたちは、道灌山《どうかんやま》にいるお父さんのお客さんを頼りました。そしたらお客さんちの前の一軒家が空いてて、そこに住まないかって勧められたのね。しかも「今だったら破格の値段だから、買ってしまえよ」って。だけど、戦争中に家を買うなんて、とんだ博打でしょ。いつまた空襲で焼けちゃうかわかんないんだから。

で、借りることにしたんですよ。引っ越しといっても空襲で家ごと丸焼けになっちゃったんだもの、荷物なんて何もない。着る物一枚すらないんですから。

これじゃ暮らすのに困るってんで、あたしがお母さんのいる疎開先まで行ったんです。向こうにはいろんな生活用品を持ってってましたからね。その前にもやっぱり荷物を運ぶために何度も通ってたのよ。

でも、これが大変だった。場所は埼玉の児玉ってとこで、電車に乗ってくんですが、田舎に買い出しに行く人たちで、すし詰め状態なんです。いっぺん乗ったら身動きひとつ取れやしない。電車が揺れるたんびに、ぎゅうっと人に押されてね。内臓がつぶれちゃうんじゃないかと思った。しかもあたし、背丈が低いもんだから、周りを大きな男の人たちに囲まれちゃうと、もう息苦しいんですよ。車内どころか、車両の上にも人がビッシリ乗っててね。そのまま電車が走るんですから。他人事ながらあたし、誰か落ちやしないかってハラハラしてたわよ。

やっとの思いで着いても、駅からがまた遠いの。一時間は歩いたわね。お母さんとこに辿り着いたときは、汗だくで脚もパンパンに張っちゃって。でも、お母さんと志ん朝の元気そうな顔見たら、疲れも癒《いや》されましたけどね。それで着物や布団なんかを持って、また来た道を戻るんです。両手は着物とかでふさがってるから、布団はくるくるっと巻いて、赤ん坊を負ぶうように背中にしょうの。そりゃ、重いわよ。おまけに帰りは体も疲れきってるでしょ。脚も鉛つけたみたいになってるし、つらくて情けなくて泣きそうになった。でも、あたしが持って帰んなきゃ、東京で待ってるお父さんや弟や妹が困るもの。やっぱり長女の責任だと思って、歯をくいしばって帰りましたね。

お父さんの満州行き

新しい生活が始まったものの、戦争はまだ終わらず、空襲は激しくなるばかりでした。お父さんは神明町での空襲があってから、ますます怖がるようになったんです。そこへお父さんに満州行きの話がきたのよ。満州にいる日本の兵隊さんの慰問《いもん》に行かないかって。本当はずいぶん前から持ちかけられてはいたんだけど、お母さんが反対してたの。「遠いし、戦争中なんだからよしたほうがいい」って。

お父さんは、

「俺は酒が飲みたいし、あっちへ行けば酒があるし、いくらかにはなるんだから。稼ぎがなきゃウチでも困るだろうから、俺はどうしても行く」

って言い張った。それでもお母さんが必死で止めてたんです。

でも、こんとき、あたし、お父さんに言ったの。

「父ちゃん、あっちへ行けば空襲はないし、お酒だって飲めるんだから行っといでよ。

ひと月でも行ってれば、その間に戦争も終わるわよ」

って。空襲をこれだけ怖がってるお父さんがかわいそうだったんですよ。満州には空襲がないと聞いてましたからね。お母さんに相談したくてもいないし、もう長女の権限で出してあげちゃった。お父さんも「そいじゃ、行ってくるか」とか言って、ちょっとそこまで出かけてくるみたいな感じで、満州行きが決まったんです。

日本を発ったのは、五月だったのかしら。きっと二、三か月くらいで帰ってくるだろうと思ってたので、着物はひとえの夏ものを用意してあげたの。絽の着物とか夏用の襦袢なんかをリュックサックに入れて、お父さんに持たせたんです。

旅立つときのお父さんの出で立ちは、着物にもんぺをはいてたわね。一緒に慰問に行ったほかの芸人さんとかはみんな国民服だったらしいんですけどね。戦時中にあったんですよ、国民服っていうカーキ色で襟のついたのが。でも洋服なんて着慣れてないじゃない、お父さんは着たがらなかったの。みんながピシッと国民服着てる中で、お父さん一人、着物にもんぺでしょ。さぞかし目立ったと思いますよ。

戦火の暮らし

そんなわけで、道灌山での兄弟三人だけの暮らしが始まりました。やっぱり、生活は厳しかったわねぇ。収入なんてほとんどなかったんだもの。唯一、仕事を持ってたのが馬生ですが、雀の涙ほどにもなりゃしない。主な寄席は空襲で焼けちゃって、仕事らしい仕事なんてなかったんです。それでも馬生なりに、男としてあたしや妹を守らなきゃって思ったんでしょう。必死で稼いできてくれたのよ。あの子は心根の優しい子でしたからね。そのお金と配給でなんとか、しのいでいたんです。

道灌山の家は一階が六畳と四畳半の洋間、それに台所、お風呂、お手洗いがあって、二階が八畳と三畳だったわね。広い家ですよ。でも、お父さんの知り合いで空襲で家を失った人が訪ねてきてね。その人に一階を貸して、あたしたちは二階に住んでたの。二階には台所がないので、水仕事は一階のお風呂場を使ってました。煮炊きは下に住んでる人に台所を借りてね。

でも、そもそも料理をするほどの食材もほとんどないのよ。配給といったって、カボチャやジャガイモ、うどん粉くらいなんだもの。そのカボチャやジャガイモを煮たり茹でたり、うどん粉をこねて、すいとんをこしらえたり。あとは豆が配給されるときもありました。今でいうグリンピースとかね。

それとうどん粉で柏餅みたいなのを作るの。まず、うどん粉を水で練って丸い形にしてね。で、グリンピースをよく煮てから潰して、餡子《あんこ》にするんですよ。といっても、砂糖は貴重だったので、ちょっとしか入れられないんですけどね。その餡子をうどん粉を練って蒸したものに乗せて、二つに折り曲げて食べるの。なかなかおいしかったわよ。

でも、本当に食料不足だった。このころ、雑誌なんかでイナゴとか蚕《かいこ》のサナギなんて、食べられる昆虫の種類と食べ方を紹介してたくらいなのよ。子ども時代に野草や蛙は食べたあたしたちですけど、やっぱり虫を食べるまでの勇気はなくってねぇ。それで配給だけじゃ足りなくなると、あたしが買い出しに行きましたよ。馬生が稼いでくれたお金を溜めてね。

行く先は以前、ウチのあたりに行商に来てたおばさんの家がある千葉でした。お母さんの疎開先に行くときと同じく、ぎゅうぎゅう詰めの電車に乗って千葉まで行くわけだけど、この人が親切にしてくれてねぇ。というのも、おばさんが行商に来てたとき、お母さんがいろいろ買ってあげたり、お茶を出したりしてたらしいの。だから、そのおばさんもあたしによくしてくれたんです。つまり、あたしら兄弟がなんとか食べていけたのも、お母さんのおかげというわけね。で、千葉のおばさんのところで買ってきたサツマイモをふかして晩ごはんにするんだけど、食卓に並べるでしょ。三人してどれが一番大きいか、つい見比べちゃうのよ。でも、真っ先に取るのは、いつも妹だったわねぇ。「あたし、これがいい!」って。あたしはおねえちゃんだし、馬生はおとなしい性格だから、結局何も言えないのよ。

毎日、イモやら豆やらすいとんやらって生活だと、どうしても飽きちゃうんですね。

食べるものがあるだけでありがたいとは思いつつ、やっぱりご飯が食べたくなるんです。でも、あのころはお米の売り買いは統制されていて、配給では手に入らなかったの。配給されたお米なんて、七分つき米に脱脂大豆かすを混ぜたものでね。サツマイモと一緒に炊いた混合飯っていうのを食べてたんだけど、おいしかないのよ。配給には玄米もあったわね。白米より玄米のほうが栄養があるってやたら宣伝してたんですよ。でも、そのまんまじゃ食べづらいから、米つき瓶という一升瓶みたいなやつに玄米を入れて、棒でつついて精米するの。これが消化が悪いうえに、やっぱりおいしくない。

　だから、お米も千葉に買い出しに行ったんです。ただ、ほかの食べ物のときとは、わけが違う。お米を手に入れて、東京に戻るでしょ。すると、駅に警官が待ち受けてることがよくあったんです。電車が着くと、線路んとこに警官がズラッと並んでるのよ。捕まるとお米を没収されるから、警官の姿を目にしたら、みんなバーッと蜘蛛《くも》の子を散らすみたいに逃げるの。捕まってお米を取り上げられた人が、泣きながら警官に訴えてたけど、見逃してくれるわけもない。中年の女性が取られたお米を目で追いながら、呆然と立ち尽くしてたの覚えてます。運よく、あたしは捕まることはありませんでしたけどね。もっとも、お金がないから、そんなにしょっちゅうお米を買うなんてできなかったしね。

それくらい、あのときはお米が貴重な品でしたから、手に入るとお母さんと志ん朝のいる埼玉まで持って行ったんです。お母さんの兄弟の家といっても、居候《いそうろう》の身となるとやっぱり気を遣うじゃない。志ん朝がお腹をすかせていても、お母さんとしたら「いっぱい食べなさい」とは言えない。だから親戚んちの畑仕事を手伝ったりしてね。昼ごはんにおにぎりをもらうと、近くの河原に行くんです。そこには志ん朝が待ってて、お母さんはもらったおにぎりを食べさせていたのよ。

志ん朝も疎開先ではつらい思いをしてたようです。あの子はその当時のことはあまり口にしませんでしたけどね。お母さんの弟夫婦にも志ん朝と同じ年くらいの子どもがいて、ちょっと意地悪されたらしいの、東京の疎開っ子とかって。そんな話を聞くと、お母さんと志ん朝にお米を食べてもらいたいと思うじゃない。それで、あたしが届けに行ったんですよ。

空襲に怯え、食料の調達に苦労しているうちに、季節は夏になっていました。そんな中、広島と長崎に今までに見たこともないようなとんでもない爆弾が落とされたことを知りました。原爆です。そして、八月十五日。太平洋戦争は終わり、どんな国にも敗けない「神国」だったはずの日本は敗けたんです。そのとき、あたしは二十一歳でした。戦争が始まったのが十七歳でしょ。考えたら、娘盛りを戦争に費やしちゃったわけよね。

敗戦を知ったとき、近所のおじさんが男泣きしてましたよ。それを不思議な気持ちで見ていたのを覚えてます。だって、もう爆弾や焼夷弾を落とされることはないのよ。夜に灯りを煌々《こうこう》とつけてたって大丈夫なのよ。あたしはそれだけで嬉しかった。正直、日本が勝ったとか敗けたとかなんて、もうくたびれきってて、どうでもよかったんです。

戦争が終わって、お母さんと志ん朝も東京に戻ってきました。お母さんが帰ってきて、あたしは肩の荷をようやく下ろせたという思いだったわね。

戦争が終わって

進駐軍がやってきて日本が占領下になっても、あいかわらずの食糧難は続いてました。唯一の拠《よ》りどころである配給は滞ってたの。というのも、敗戦の年は天候が悪く、しかも戦時中で肥料も不足してたでしょ。だもんで凶作だったのよ。おまけに外地から六百五十万人もの引揚者が帰国したので、とてもじゃないけど食べ物が足りなかったの。栄養失調がたたって、衰弱死《すいじゃくし》する人もいたんですから。

それで闇市ができてね、食料や日用品を非合法で売ってたんですよ。食べ物には雑炊やふかしイモ、お湯に醤油を垂らしただけの汁物もあった。それから進駐軍の人たちの残飯で作った残飯シチューなんてのも。残飯を煮込んじゃうんだけど、時々、タバコの包み紙とかが混ざってたこともあったのよ。何より、闇市の品はとんでもなく高かったの。だから、あたしたちはやっぱり買い出しに頼るしかなかった。

買い出しはお母さんが行ってくれることになり、あたしは少しでもお金を稼がなきゃと、アメリカンスクールの食堂で働くことにしたんです。場所は目黒だったわね。その学校に上野精養軒のコックさんだった人がいたんですよ。噺家が真打披露とかするときは、みんな精養軒を使ってたからツテがあったの。で、コックさんに頼み込んで雇ってもらえることになったんです。

働き口が見つかるなんて、とくに女性にとって当時はすごく幸運なことだったのよ。女の人、それも戦争未亡人は恩給《おんきゅう》が停止されたうえに、仕事がほとんどなかったの。それこそ子どもに食べさせるため死に物狂いで働かなきゃならなかったのにね。家を焼け出されてバラックに住んでた人も、家がないと職につけないばかりか配給も受けられなかった。そんな中で仕事にありつけたのは、お父さんが噺家だった縁ですから、お父さんには感謝ですよね。

アメリカンスクールでの仕事は食堂の掃除と配膳《はいぜん》係でした。そこは今でいうバイキング形式だったんですよ。料理がずらっと並んでて、みんなお盆を持って好きなものを好きなだけ乗せてくわけだけど、まあこの料理が豪華でねぇ。今まで見たこともないような、サンドイッチなんてのがあるんですよ。「こんなの妹や弟たちに食べさせてあげたいなぁ」って、思うじゃない。だから子どもや先生が食べ残してったりすると、働いてる仲間内でパパッと分けるわけ。

ところが、そのサンドイッチを持ち帰るのに関門があったのよ。というのも、学校を出るときに持ち物検査をするの。見つかったら没収されるかわかんない。それどころかクビになるんじゃないかと思ってね。で、あたしは考えた。そのときあたし、腹巻をしてたんです。腹巻って、二つ折りになってるでしょ。そこの間に紙に包んだサンドイッチを入れるんです。ええ、無事に検査は通り抜けられましたよ。兄弟のためとなると、肝《きも》が据わるものなのね。

行方不明のお父さん

終戦して一年が過ぎました。あたしたちは、なんとか暮らしていたけれど、とても気がかりなことがあった。そう、満州に行ったお父さんが、待てど暮らせど帰ってこないんです。戦争が終わった直後、たった一度だけ手紙は来たんですよ。でも、それっきり。そのころになると「志ん生は満州で死んだらしい」なんて噂まで出始めたんです。誰かが占い師に見てもらったら、そう言われたとかでね。一緒に慰問に行った（三遊亭）円生さんの話は出てこないで、「死んだ」っていうと、お父さんのことだけ噂が出るの。あたしたち家族はもちろん、お父さんが無事に戻ることを信じてた、信じてはいたけれど、やっぱりどこかで「もしかすると」って不安もあった。

でも、一番つらい思いをしていたのは、馬生だったと思うんですよ。戦時中にあらかた焼けてしまった寄席ですが、敗戦の年の暮れから上野鈴本（演芸場）が急ごしらえの小屋で、なんとか再開し、翌春には新宿末広亭も営業を始めていました。みんな長い戦争で娯楽に飢《う》えてましたからね。落語人気は日に日に盛り返しつつあったんです。

そんな中、馬生もまだ二つ目で、芸は未熟だったかもしれないけれど、真面目に稽古して、ちゃんと高座を務めていたのよ。でも、後ろ盾になる志ん生はもういないからというんで、ほかの噺家さんたちにいじめられてたらしいの。このことはあたし、ずっとあとになってから知ったんです。馬生は我慢強くて、何があっても愚痴をこぼすような子じゃなかったから、気づかなかったの。でも、お母さんが亡くなったあと、当時つけてた日記が見つかってね、そこに「今日も馬生がいじめられた。悔しい」って、書いてあったのを読んだの。

もしかしたら、馬生もお母さんにだけは打ち明けてたのかもしれない。それだけ本当につらかったんでしょうね。そして、馬生の気持ちを知ったお母さんも、さぞかし心を痛めてたと思います。お母さんって人は、自分がどんなに苦しい目に遭っても、泣いたり文句を言ったりしなかった。でも、子どものこととなると、話は別なんですよ。

そういえば、馬生が赤ん坊のとき……あれはなめくじ長屋にいたころね、こんなことがあったの。お母さんが古着屋でお父さんのための着物を買ってきたんです。でも、ボロボロで汚かったもんで、繕ってから洗って、窓のところに干してたの。それが乾くまで内職をしてるうちに、うたた寝しちゃったんです。毎日、寝る間も惜しんで働いてたから、つい、うとうとしちゃったのよ。で、パッと目を覚ましたら、干しといた着物がない。誰かに盗まれたんです。それであわてて馬生を負ぶって警察に行ったの。順番を待ってる間、長椅子に馬生を降ろして、お母さんも腰かけたら、馬生がヨチヨチ歩き出したらしくてね。そのときの様子を、お母さんがこう言うんです。

「その警察が、どこもかしこもきれいだったのよ。床はピカピカだし、椅子なんかも新しくてね。だから清（馬生の本名）もうれしくてしょうがなかったんだろうね。ウチはほら、汚いじゃないか。ニコニコしながら、あっちこっち歩ってるあの子見たら、不憫《ふびん》に思えてね」

そんときお母さん、ちょっと涙ぐんでた。めったなことで涙を見せる人じゃないから、あたしも胸が詰まったんですけどね。それだけ子ども思いだったんだもの、馬生がいじめられてると知って、身を切られるような心持ちだったはずです。

お父さん帰る

あくる年の昭和二十二年。松の内が過ぎたあたりだったでしょうか。突然、お父さんからの電報が届いたんです。「札幌に着くから、二十五日に迎えに来い」という内容でした。そりゃもう、びっくりしましたよ。でも、ちょっと変なの。船で戻るというのに、札幌じゃおかしいのよ。だって港なんかないんだから。で、馬生がお世話になってた新聞社の人に頼んで調べてもらったの。そしたら、やっぱり札幌に引揚げ船が着くって話はないというじゃない。タチの悪いいたずらだろうってなってね。お母さんなんか、もう本当にお父さんは死んだのかもしれない、と思ったようなの。あたしたちに「みんな、覚悟《かくご》は決めておくんだよ」とか言うんですよ。でも、馬生は「母ちゃん、そんなこと言ってる場合じゃないよ」って、とにかく札幌まで行って確かめてくることになったの。

出発する日、あたしがお弁当持って、上野駅で馬生とおち合うことにしたんです。あのころは駅弁なんて売ってないから、道中お腹がすいたらかわいそうじゃないの。で、おむすび握って駅まで行ったんだけど、どうやっても会えなかったのよ。あたし、そのことが今でも頭から離れないんです。お弁当持たずに北海道まで行って、あの子はどんなにお腹をすかせただろうと思うと涙が出た。あたしの馬生に対する唯一の後悔なの。それも一生残る後悔。

馬生が北海道から戻るまで、あたしたちは待つしかなかった。そして、忘れもしない一月二十七日――。いつものように、あたしは仕事に出かけ、妹も外出してました。志ん朝は学校に行ってたし、家にはお母さんだけがいたの。そしたら誰かが階段上ってくる音がして、お母さんがひょいって見ると、ヨレヨレの中国の人が着る服着た色の真っ黒い人がヌーッと立ってる。お母さん、もう仰天して「ヒャッ」っと声出したら、その人が「俺だよ、俺」って。それがお父さんだったんです。すっかり痩せ細ってもいて、お母さん曰く、「お化けみたいで、怖かった」そうですよ。

とにかくもう、垢《あか》とほこりで真っ黒だったもんだから、お母さんが急いでお湯を沸かして体じゅうをていねいに拭《ふ》いてあげたんです。でも垢がこびりついちゃって、ちょっとやそっとじゃきれいにならなかったんですって。それで、新しい着物を着せてやってからお母さん、お酒を買いに行ったの。でも、そのときはまだものが不足しててお酒を売ってるとこなんてどこにもない。しかたなく、どこかお酒を置いてある家はないかと聞き回ってね。近所の動物病院にあるってんで、お願いしてビール一本と芋焼酎、ちょっとした酒の肴《さかな》を分けてもらったみたいよ。

「これ飲んで死んじゃおう」

あたしが帰ったのは、お父さんがお酒を飲んでひと心地ついたころです。びっくりしましたよ、あたしだって。でも、とにかく無事で帰ってきてくれて嬉しかった。ちょうどこの日に、馬生も札幌から戻ったんです。やはり情報はデマだったとわかって落胆《らくたん》していただけに、お父さんの顔見て馬生もそりゃ喜びましたよ。そうして、実に二年ぶりに家族全員揃って、食卓を囲んだんです。

お父さんも家族の元気な顔を見て、ホッとしたでしょうね。だって、引揚げ船が本当に到着した佐世保にも、そっから列車に乗って着いた東京駅にも、誰も迎えに来てなかったんですから。一緒に帰国した人たちが家族との再会を喜んでる中、どれだけ心細かったことか。

それで「ウチのもんはみんな死んじゃったんじゃないか」と思ったんですって。お父さん、不安な気持ち抱えて日暮里まで帰り、道灌山の石段をとぼとぼ上ってね。途中でくたびれて石段に腰かけて町を見下ろした。見渡すかぎりの焼け野原にあらためて驚いてたら、ウチのほうだけ焼け残ってるのが目に入ったようなの。で、これは望みがあるかもしんないってんで、急いで帰ってきたって言ってましたね。

それに満州でも大変な思いをしたようですよ。これはあとになってから、お父さんに聞いた話なんですけどね。中国人の兵隊にいきなり銃を突きつけられたりもしたんですって。「でもって、何かしゃべってんだけど、俺は何言ってっかわかんないんだよ」って。なんでも、お父さん着物姿だったから、あっちの人にしたら奇妙な人物に見えたようなのね。それで体じゅうを点検されたんだけど、武器は何も持ってないんで、すぐに解放されたの。あるときは夜、寝泊りしてる家に数人の中国人兵がドカドカッて入ってきて、やっぱり銃で脅《おど》されたり。相当怖い思いをしたようです。

満州でお父さんがいた家というのは、お父さんのご贔屓《ひいき》んちだったんです。そのおかげで寝食の心配はしないでいられた。お酒も飲めたしね。あるとき、そのご贔屓が、お父さんに老酒を六本もくれたの。「すごく強いお酒だから、師匠、いっぺんに飲んじゃだめですよ。一本でも飲んだら、普通の人は死んじゃいますからね。一時に飲むのは、せいぜい三分の一、いっても半分です。ただし、必ず水で割って飲んでください、必ずですよ」とかって、何度も念押しされたのよ。あんまり言うもんだから、お父さんもちゃんと守って大事に飲んでたそうです。ところが、それからしばらくして、ご贔屓の家を出ることになっちゃったの。というのも、その人の奥さんが渋ったらしいのよ。「ウチだって、かつかつの生活をしてるのに、人の面倒見てる場合じゃない」というんでね。で、ちょっとした着るものと、その老酒を手にお父さんは出てったわけよ。

住むとこもない、食べるものもない。もちろん、お金だってありゃしない。仕事だってそうなかったんですから。時々独演会みたいなものはやって、日本人が何人か来ればちょっとしたお小遣いにはなったけれど、あとは食うや食わずだったみたい。しかもそのとき、一緒に来た円生さんとかとも別行動になってたから独りぼっちなんですよ。寂しくって、いつ向こうの兵隊に殺されるかもしれないと思うと怖くって、夜になると、よけいに不安になる。どうせもう日本にも帰れやしないんだろう。それならば、いっそ死んでしまおうって考えたそうです。さて、どうやって死のうかってときにお父さん、老酒を思い出した。「これ飲んで、死んじゃおう。一本、生のまま飲めば死ねるんだ。酒を残して逝くのはもったいないし、飲みながら死ねるんならちょうどいいじゃないか」

ってね。で、もう、あおるように老酒を飲んで。だんだん朦朧《もうろう》としてきたんだけど、とにかく飲み続け、そのうち意識がなくなって……。

パッと気づいたとき、あたりは明るくなってた。ただ酔っ払って寝ちゃっただけなのよ。そんときにお父さんが言ったことがふるってるわよ。

「あ、生きてた。あぁ、そんならいっぺんに飲まなきゃよかった」

ですって。結局、一本で死んじゃうはずの老酒を六本いっぺんに飲んじゃったそうよ。それでもピンピンしてたんだから。このときお父さんは五十七歳。けっこうな年なんですよ。でも、お父さんは丈夫なの。何より貧乏に慣れてるのが幸いしたわよね。それこそ早い時期から売れて贅沢な暮らししてたら、とても満州で生き残れなかったと思うの。貧乏にも、気合いが入ってるんですよ。

そんなんで無事に帰国できたわけだけど、それにしても、どうして札幌に着くなんて電報が来たのか……。実はこれもあとでお父さんが言ってたんですけど、引揚げ船が着いた佐世保で、伝染病の検査をするために一週間ほど足止めをくったそうなんです。そのときに、お役人が家族に送る電報文を書くようにと言ってきたのね。そしたらお父さん、あろうことか「酒、買っておけ」って文をお願いしたわけよ。で、お役人のご機嫌を損《そこ》ねちゃった。「心配してる家族に送るものなのに、ふざけてる」って。だから、お役人が帰国日や到着場所をわざと変えて出しちゃったんじゃないかって話です。

まあ、これはあくまでもお父さんの憶測だけど、本当だったらずいぶんな話よね。お母さんは「酒を買っておけなんて、頼む人のほうが悪いのよ」って言ってましたけどね。でもね、いくらのんきなお父さんといえども、やっぱり満州での暮らしは相当つらかったって。あたしは思うの。お父さんが帰国後に詠んだこんな句があるんです。

「引揚に　南山を見る　なつかしさ」

志ん生って書いた手書きの短冊が今でもウチに飾ってあるんだけど、言葉では表わしきれないお父さんの当時の思いが伝わってきて、あたし、今でもそれ見ると涙が出てくるの。

本当にまあ、いろいろあったけれど、とにもかくにもお父さんが戻ったことで、ようやくわが家も終戦を迎えられたんです。

第三章　志ん朝の弟子入り

お父さん、大活躍

満州から戻ったお父さんは、帰宅してすぐの五日後、二月上席から、高座に上がりました。新宿の末広亭だったと思います。お客さんはさぞ驚いたでしょうね。だって、とっくに死んだと思ってた志ん生が、いきなり登場したんですから。でも、お父さんの姿を見て、割れんばかりの拍手を送ってくださったそうです。

そのころの落語界では、お父さんと仲よしの文楽さんが一番人気がありましたね。とはいえ、お父さんもたちまち売れっ子になってったんです。帰国の二か月後には上野の鈴本で独演会も始めたんですが、昼も夜も大入りだったみたい。「志ん生は満州から帰ってから、芸がひと回りもふた回りも大きくなった」って言われてね。娘からすると、お父さんはあくまでもお父さん。何も変わったところなんてなかったけれど、一人の噺家としては、まさに大輪の花が咲く時期に到達していたのかもしれません。

昭和二十六年、あたしたち一家は、終戦まぎわから戦後を過ごした道灌山を離れ、日暮里に新居を構えました。お父さんの贔屓客の社長さんが建ててくれた一軒家です。とはいえ、月々の家賃は払ってましたよ。社長さんとしたら、志ん生にあげたも同然と思ってたんだけど、本当に譲渡《じょうと》の手続きをすると、ウチが税金を払わなきゃならないじゃない。だから、賃貸って形にしてくれたの。といっても、ひと月一万円の家賃だったんだもの、タダ同然みたいなもんだったんですよ。

日暮里の家は、玄関を入った脇に三畳部屋があって、台所の隣りにはお風呂場、そして庭に面した六畳と八畳が続きになった部屋。二階には二畳、六畳、八畳間がありました。今まで住んだ中で一番広い家だったわね。そして、この家がお父さんとお母さんの終《つい》の棲家《すみか》になりました。

あたしはこのころ、家で家事をしていました。といっても、当時はウチにお手伝いさんも一人いてね。それからお母さんが戦時中、疎開先でお世話になった家の娘さんも引き取ってたの。彼女のご両親が亡くなって身寄りがないというのを聞いて、お母さんが「あなたのお父さんにはお世話になったから」と、ウチに呼んだんです。その娘さんも家のことを手伝ってくれてたし、お父さんの弟子もいた。だから、あたしも少しは楽させてもらってたのね。

お見合い

そんなころ、あたしが二十八、九のときだったかしら、一度だけお見合いの話がきたことがあったわね。妹はとっくに建設会社を経営してる人んとこに嫁いでいたし、その年でお嫁にいってないってのは、当時ではまあ、行き遅れてたのかもしれないわね。それで噺家仲間の誰かが、お父さんに「ミッチャンにどうだい？」てんで、見合いを持ちかけてきたらしいの。お相手も噺家さんだったんですけどね。で、お父さんがあたしに「そういう話があるけど、どうする？」って。

でも、あたしは結婚する気なんて、さらさらなかったのよ。何ていうか、そのときは結婚ってどういうものなのか、ピンと来なかったんです。おまけに妹がどこから仕入れてきたんだか、「姉ちゃん、その噺家さん、付き合ってる女の人がいるから、やめたほうがいいよ」とか言うもんで、お断りしたの。

両親は何も言いませんでした。話をもってきたお父さんだって、さほど勧めるって感じでもなかったのよ。おそらく、お父さんもお母さんも口には出さなかったけど、あたしをそばに置いときたいって思ってたんじゃないかしら。それはあたしも同じ気持ちだったの。だって、三十路近くまでずっと家にいて、お父さんお母さんと暮らしてたんだもの。それで世間のことは何も知らないで育っちゃった。いわば箱入り娘ですよ。貧乏なのに箱入り娘ってのも、おかしな話ですけどね。

箱入り娘といえば、こんなこともあったの。ウチの両親は、子どもを大きな声で叱ることってなかったんです。でも、お父さんにはたった一度だけ、怒られたことがあるのよ。確かあたしが四十歳を過ぎたころだったわね。ある日、近所に住んでる友だちに麻雀に誘われたんですよ。麻雀なんてやったことなかったけど、せっかく教えてくれるというんだからと、出かけて行ったのね。そしたらなかなかに面白いもんだから、つい時間がたつのを忘れちゃって、ハッと気づいたら夜の十一時。もう、あたしあわてちゃってね。というのも、門限を十時って決められてたんですよ。さあ大変ってんで、急いで家まで飛んで帰って玄関を開けたら、お父さんが怖い顔して立ってるの。で、いきなり怒られた。

「何時だと思ってんだ。女の子がこんなに遅くまで表歩いて何だ、危ないじゃないか」

四十過ぎの女に向かって女の子って……。でも、お父さんからしたら、いくつになっても子どもなんですね。とくに娘となると、心配だったんでしょう。もっとも、あたしだって、そんな年になってまで、真面目に門限守ってたんだもの、お互いさまよね。

お嫁に行くことはまるで考えてなかったものの、お勤めには出たいなぁって思うようになったのも見合い話が来たころです。働いたのは、女学校卒業して入った貯金局での一年間だけでしょ。このまま家にこもって、世の中のこと何も知らないで生きてくのもどうなんだろうと思い始めたの。二十九歳という年齢もあったかもしれませんね。二十代なら、まだ勤め口があるんじゃないかと考えたんです。

加えて、家にはお手伝いさんやお弟子さんたちがいて、あたしが家にいなくても大丈夫というのもあった。でも、お母さんには「この年にもなって勤めるの?」って言われてね。あたしみたいな世間知らずが、外に出たら苦労するんじゃないかと心配だったんじゃないかしら。それで実際に勤め先を探すでもなく、やり過ごしていたんです。

ニッポン放送専属になる

そんなころ、お父さんに大きな仕事が巡ってきたの。ラジオ東京(現在のTBS)というラジオ局ができて、番組で落語を流そうってなってね。噺家の高座を公開録音して、それを放送するわけ。あんときはテレビなんて、それほどたくさんの家にあった時代ではなかったから、ラジオが人気でね。落語も本当に人気だったんで、番組にしようって。ラジオ東京の局内にも落語好きの人がいたのよ。で、その人が当時の売れっ子噺家に依頼して、専属契約を結んだんです。文楽さんや円生さん、(林家)正蔵さん、(柳家)小さんさんなんかがいたんだけど、その中の一人にお父さんも選ばれたの。

そんときの契約金ってのが、すごい額だったらしいんですよ。ある噺家さんは、そのお金で家を建てたとか何とか……。でもね、ウチじゃそんな大金見たことないのよ。見るどころか「こんなにお金が入ったよ」なんて話すら聞いたこともない。さて、いったいどこに消えちゃったんでしょうかねぇ。また、お金の話はともかく、並み居る噺家の中で、お父さんが選ばれたわけでしょう？　あたしら家族はやっぱりうれしかったわよ。このとき、馬生は真打に昇進して四年目、志ん朝は獨協高校の一年生でした。

その翌年にはニッポン放送も開局しました。ラジオ東京の落語番組が大当たりしていたので、ニッポン放送でも同様の番組を作ることにしたのね。ところが人気の噺家はみんなラジオ東京が押さえちゃってる。ニッポン放送には（三遊亭）円歌さんが専属で入ったんです。社員に円歌さんの息子さんがいたこともあってね。お父さんは円歌さんだけじゃなく、息子さんとも顔馴染《かおなじ》みで、家族ぐるみのお付き合いというか、しょっちゅうウチにも来てたんですよ。だからあたしも彼のことは前からよく知ってたんですけどね。で、その息子さんが、お父さんに「ニッポン放送に来てください」って頼みに来たわけ。要するに引き抜きね。

お父さん、頼まれたら断れない。おまけにラジオ東京と専属契約してるからとか、めんどくさい事情には頓着《とんちゃく》ない人なので「ああ、いいよ」って、ニッポン放送に移ったの。実はこの円歌さんの息子さんが、後にあたしの人生にちょっと関わることになるんです。もっとも、そんときのあたしには、つゆほども想像できませんでしたけど……。

お父さんがニッポン放送と専属契約を結んだとき、あたしはお父さんにひとつ頼みごとをしたんです。「お父さん、あたしもニッポン放送に勤められないかしら。もういっぺん、お勤めをしてみたいの」って。前から考えていた「働きに出たい」って気持ちが、そのころまた頭をもたげていたのね。あたしがお父さんに何かお願いするなんて、生まれて初めてのことですよ。それくらい強い思いだったし、お父さんは局専属の噺家なんだから、コネで入ることもできるって腹づもりもあったの。

そしたら、お父さん、「そうかい、そうかい」って、それだけなのよ。「わかった、じゃあ、俺がなんとかしてやる」でも何でもないの。あたしの言ってる意味が、まるでわかってないんですよ。ああ、だめだなぁ、これはって思ってたとき、円歌さんの息子さんが口利いてくれたの。そんとき、彼はニッポン放送の社員だったから、そのおかげで、あたしは晴れて二度目のお勤めができることになったんです。

ニッポン放送に入ってすぐ、あたしは編集を担当することになりました。噺家さんたちの高座を録音したテープを、放送時間にきっかり合うようまとめる仕事です。でも、たいていの噺家さんは事前におおよその持ち時間を伝えておくと、その時間内に噺を終わらせてくれるのよ。たとえば持ち時間が十五分ってときは、二十分の噺でもうまい具合に縮めて十五分程度にまとめてくれるわけ。

ところが、一人だけそれができない人がいた。お父さんです。いちおう事前に家でさらうときは、懐中時計をそばに置いて時間内に収まるよう仕上げるんですよ。「枕のここんとこは取るだろ。で、噺ん中は、ここところは抜いとくか」とか言ってね。でも、いざ本番となると、どうしても噺が延びちゃうんです。お客さんにワッて受けると、端折《はしよ》れなくなっちゃうのよ。だからあたし、お父さんに言ったんです。「父ちゃん、好きにやっていいわよ。もう、やりたいだけやんなよ。心配しなくても大丈夫。あとはあたしがうまいことまとめたげるから」ってね。生放送じゃないんだから、編集すればいいことだと思ったの。

それでお父さんの噺を録音したテープを聞きながら、「ここは少し間があきすぎだから詰めよう」とか、「枕のここんとこは、あんまりパッとしないから取ろう」なんて、夜遅くまでかかって編集したんです。だから今残ってるお父さんの落語のテープでニッポン放送が音源だったものはみんな、あたしが編集したものなんですよ。

もっとも、こんなこと、あたしが志ん生の娘だからやれたんでしょうけどね。ほかの人だったら、志ん生の噺を切ったり何だりなんて、できなかったと思うもの。あたしだってお父さん以外の噺家さんだったら、やっぱりできませんよ。お父さんも、娘のあたしにだから任せられたんじゃないかしらね。

追っかけまで出たお父さん

ラジオ出演するようになって、お父さんの人気はますます上がりました。熱心なファンもつくようになってね。お父さんが寄席を掛け持ちするじゃない、上野から新宿、次は人形町とかって。そうすると、お父さんのあとをついて一緒に寄席を掛け持ちするお客さんがいたんですよ。いわゆる追っかけってやつね。昔からあったのよ、追っかけって。でもね、お父さんの噺を何度でもじっくり聞きたいってのとは、ちょっと違うのよ。というのは、お父さんの高座ってムラがあったの。たとえ同じ噺をするんでも出来のいいときと、今イチのときがね。そこが文楽さんと違うところなんです。

文楽さんはきっちりとした噺をする人でした。毎回、寸分違《すんぶんたが》わぬくらいの正確さとでもいうのかしら。これは有名な話だけど、文楽さんが晩年、高座で『大仏餅』という噺をしているとき、登場人物の名前をふと忘れて絶句してしまったの。そのときに「また勉強して、出直してまいります」の言葉を残して高座を下りた。そして、それっきり二度と高座には上がらなかったんです。本当に自分に厳しい人だったんですね。

ところが、お父さんは正反対。もしお父さんが文楽さんと同じ状況になったら、思いつきのデタラメな名前を言ったに決まってます。そういえば、志ん朝が噺家になった後、言ってたことがあるんですよ。お父さんにお侍さんが出てくる噺の稽古をつけてもらってたんですって。ところがお父さん、その侍の名前をど忘れしちゃったの。で、出てきた台詞が「え〜、何とかという侍が……」。志ん朝が「父ちゃん、何とかじゃだめだろ」と言ったら、「いいんだよ、客はわかりゃしないんだから」って。お父さんたら、そんなのを稽古どころか高座でもやっちゃうの。でも、そういう破天荒《はてんこう》なところがたまらないってお客さんもいたんですよ。

これもよく知られてる話ですが、お父さん、高座で寝ちゃったことがあるの。新宿の末広亭でのことだわね。どこかでお酒を飲んできて、ちょうど酔いが回ったころ、自分の出番になった。それで「え〜」とか言いながら下を向いて、そのまんま鼾《いびき》をかき始めたわけ。あわてて楽屋にいた噺家さんが起こそうとしたらしいのよ。そしたら、お客さんがみんなして「いいよいいよ、寝かせておいてやんな」「志ん生の寝てる姿なんて、めったに見られないんだから」と言ってくれたんですって。どういうわけか、何をしても、志ん生というだけでお客さんには許されてたのね。娘からすると、本当に不思議なことです。

高座で居眠りしたのはその一度きりだけど、お酒に酔って高座に上がることは何度もあったのよ。呂律《ろれつ》が回らなくなっちゃって、しまいには踊りを踊ったり、歌を歌って下りてきたこともあるんです。それもまた、お客さんは喜んじゃうのよ。志ん生の踊りや歌なんて、普段は見られないってんでね。だからお父さんを追っかけるわけ。「今日は何をするかな」とか、「この前は今イチだったけど、今日はいいかな」なんてで、出来がいいと、「志ん生、今日は乗ってるな」ってんで、次の寄席までついて行く。そしたら、今度はよくなかったとかね。お客さんにしたら、ある意味、博打みたいなもんよね。

お座敷のときも同じなんですよ。お客さんが新橋や赤坂の一流どこの料亭にお父さんを呼ぶんですが、政財界とかのそりゃもう偉い人ばっかりなのよ。その中には、あの吉田茂さんもいて、お宅に招かれたりもしたわね。でも、お父さんにしてみたら、偉い人だとかなんて関係ないの。どんな人相手だって、気分が乗らなきゃ五分かそこらで終わらせちゃうんです。普通は十五分から二十分くらいかけるところをね。ただお父さんなりに理由はあるんですよ。自分が一生懸命やってても、反応が今イチとかでお客さんの聞き方が悪いとなると、もうだめなの。ホント、とっとと下りてきちゃう。

そうすると大変なのが、料亭の板前さんですよ。予定では噺が終わるのが十五分から二十分後だから、そのころに塩梅よく料理を出そうって心づもりでいるでしょ。ところが、たった五分で仲居さんが「志ん生さん、今終わりました」って知らせに来るもんだから、板場はそりゃ、てんやわんやですよ。だもんで、お父さんがお座敷に呼ばれたときは、板前さんたち大変なの。いつでも料理に取りかかれるよう、気を張ってなきゃならないってんだから。そんなお父さんでもお客さんは付いててくれたんだもの、ありがたいやら申し訳ないやら。

小泉信三さんの涙

そうそう、お父さんを贔屓にしてくれてたお客さんというと、忘れられないのが経済学者の小泉信三さんです。明治、大正のころからの落語好きで、昔の名人の噺をたくさん聞いてきた方なんですが、本当にお父さんをかわいがってくださってね。日暮里の家までいらしてくれたこともあって、お父さんどころか、ウチの家族みんながお世話になった。

とっても偉い人なのに、少しも偉ぶることのない方でしたよ。お父さんも「本当の大人物ってぇのは、ああいう人なんだろな」って、言ってましたもの。その小泉さんが、とくにお気に入りだったのが、お父さんの唄う『冬の夜に風が吹く』という大津絵（節）だったんです。大津絵っていうのは、もともとは江戸時代に滋賀県の大津で描かれた絵のことで、絵に描かれた人物について節をつけて唄ったものなの。明治時代に流行ったたって話です。

そのひとつの『冬の夜に風が吹く』は、

冬の夜に風が吹く
知らせの半鐘がジャンと鳴りゃ
これさ女房わらじ出せ
刺子《さしこ》襦袢《じゅばん》に火事頭巾
四十八組おいおいと
お掛り衆の下知をうけ
出て行きゃ女房はそのあとで
うがい手洗《ちょうず》に身を清め
今宵ウチの人になァ
怪我のないよう
南無妙法蓮華経……

という夫婦の情愛を唄った唄で、お父さんが若い時分に浮世節の名人のお弟子さんから教わったんですね。

お父さん、よほど気分のいいときにしか唄わないんだけど、あるとき、小泉さんのお座敷に呼ばれて披露したの。そしたら、聞き終えた小泉さんがそっとハンカチで目をぬぐったらしくてね。夫の身を案じる妻の思いが胸に迫ったんでしょう。また、お父さんの気持ちのこめ方が素晴らしいもんだから。

それからお座敷にお父さんを呼ぶたびに、この大津絵を注文したそうですよ。いつも真っ白いハンカチを用意してね、必ず涙を拭いたって。昭和四十一年に小泉さんが亡くなったとき、お父さんの唄う『冬の夜に風が吹く』を録音したテープをお供えしたんです。

お母さんのご祝儀

お父さんが寄席やらお座敷やらにたくさん呼ばれるようになったころには、わが家の暮らしにも余裕が出てきました。

たとえばそうね、出前の回数が増えたことかしら。ちらし寿司とか天丼とか頼んでたわよ。ウチはみんな、何だか丼ものが好きだったの。ご飯がいっぱい入ってて、お腹がいっぱいになるのがよかったんじゃないかしらねぇ。お寿司も握りじゃなくて断然、ちらし寿司。やっぱりご飯があって、上にいろんなものが乗ってるところが好きなのよ。外食はあまりすることはありませんでした。行くとしたら上野の『天庄』っていう天ぷら屋さんか、池之端にある中華料理屋くらいでしたね。

その中華料理屋には、お母さんと二人でも行ってたのよ。たまに上野松坂屋に買い物に行った帰りに寄って、やきそばを食べて帰ってくるんです。それがお母さんの唯一の贅沢だったの。お母さんは暮らしが楽になっても、自分のためにはお金を使わなかった。買い物ったって、家族のものばっかりでね。あたしや妹に着物も作ってくれたの。そのころ馬生は結婚してたんですが、お嫁さんの分も一緒に仕立ててあげたのよ。馬生んとこに娘が生まれると、その子にも、ことあるごとに着物を買ってましたね。

お母さんがお金を使ったのは、家族にだけじゃありませんでした。ほかの師匠のお使いでウチに来た前座さんや二つ目さんには必ずお小遣いを渡してたのよ。地元のお祭りがあるときは町内会の人にお酒をふるまって、子どもたちにはジュースやお菓子を配ってたし、集金に来る人たちにも折りがあればご祝儀をきってたんです。

酒屋のおかみさんが驚いたっていうの。自分とこの若い衆がお正月にウチにお酒を届けに行ったら、お母さんからお年玉をもらったんで、「そんなお得意さん、初めてです」って。お母さん、ずっと自分が貧乏してたから、一生懸命働いてる人見ると、何かしてあげたいと思っちゃうんですよ。だから、お父さんが契約金もらったただのっていっても、ウチにお金がなかったのかもしれないわね。

道楽三昧のお父さん

お父さんはというと、あいもかわらず道楽してたのよ。これが、さすがに若いころのような遊びはしなかったけれど、いろいろとね。一番凝《こ》ったのは古道具の収集ね。いいえ、正確には集めるんじゃなくて、買っては売るってのが趣味だったんですよ。道具屋さんで掛け軸だの何だの気に入ったもの見つけるとすぐ買ってくるんだけど、飽きるのもすぐなの。で、買ったものを古道具屋さんに売りに行っちゃう。

当然、買ったときより値は下がるでしょ。でも、そんなことはお構いなしで、そのお金でまた何か買ってくるわけ。ところが、やっぱり飽きて、売りに行っては別のもの買ってくるの繰り返し。その間、だんだんモノは悪くなってるのにね。もう欲しいと思ったら、矢も盾もたまらなくなっちゃうみたい。道具屋さんから聞いたんですけどね、あるとき朝一番に店に来たお父さんが、刀の鍔《つば》に目をつけたんですって。でも、持ち合わせがなかったんで、

「これからちょっと用を足さなきゃなんないとこがあるから、それすまして夕方までに金持ってくるから」

って、ご主人に言ったそうなの。ところが、お昼前になって、お父さんがやって来た。それも前につんのめりそうなくらいの早歩きで、顔を紅潮《こうちょう》させてね。頭から湯気

が立つっくらいの急ぎぶり。ご主人は「忘れ物でもしたのかな？」と思ったらしいの。そしたらお父さん、「いや、そうじゃない。それ買いに来たんだ」と言うわけ。なんでも、夕方に行くと言ったものの、どうにもこうにも刀の鍔が気になって、お金を持って飛んで帰ってきたらしいの。欲しいとなったら我慢がきかない、もう子どもと一緒ですよ。

何だか変なものも買ってきてたわねぇ。まったく使い道のない五右衛門風呂みたいな大きな鉄釜とか。お豆腐屋さんで使う道具らしいんだけど、これが本当にじゃまっけなのよ。でも、こんなもの売りたくたって売れやしないじゃない。動かすだけで大変なんだから、そう簡単には道具屋さんも引き取ってくれませんよ。しょうがないから裏庭に置いて、金魚を泳がせてたのよ。

それから仏像なんてのもありましたね。三十センチくらいの大きさで、インドかどこか外国の神様。外側が漆塗りになってるんだけど、所々がハゲて中の金色が見えてたんですよ。そしたらお父さん、「おい、これ、重たいし、中は本物の金じゃないか？」なんて言うの。そんなわけないっての。鋳造した安物なんだから、ただのメッキに決まってるんですよ。でも、お父さんたら、ずっと「いや、これは本物だ」って、言い張ってたわね。そのせいか、この仏像は売られることなく、今もあたしんとこにあるんです。仏様なんて、捨てようにも捨てられないじゃない。しょうがないから、お父さんの形見と思って、毎日拝んでますよ。

いろんな古道具を買っては売り、売っては買いしてたお父さんですが、その中でも熱中してたのがタバコ入れでしたね。噺家仲間の間で一時流行したみたいで、みんなで揃えたり、取り替えっこしたりしてたんです。ところが、このタバコ入れもやっぱり買ったそばから飽きちゃうのね。それで売って、また買って。文楽さんもタバコ入れを集めてて、お父さんと競争してたらしいんです。文楽さんはちゃんと手元に残してたし、いいものも持ってたのよね。お父さんはこの塩梅でしょ。競争になんかなりゃしない。

でも、お父さんたら「タバコ入れに関しちゃ、俺のほうが先輩なんだ。俺が文楽に教えたんだから」なんて、いばってましたけどね。タバコ入れのことでは、馬生もこぼしてましたっけ。

「姉ちゃん、父ちゃんがさ、俺にくれたタバコ入れも取り上げて売っちゃうんだよ。『こないだやったアレ、返してくれ』つって。そんなに売りたいんなら道具屋じゃなくって、俺に売ってくれりゃいいのに」

ってね。お母さんも、買っては売るのこの趣味には文句言ってましたよ。そしたらお父さん、「いや、これが楽しみでやってんだから」ですって。

お父さんの困った癖

お父さんの困った癖は、古道具だけじゃなくてペットも同じだったのよ。最初は鳥だったわね。セキセイインコとかカナリヤなんかを買ってきては飽きて取り替えて、を繰り返してたんです。ウグイスも「これ鳴かないぞ」とかって、別のウグイスに取り替えて、やっとよく鳴くのに当たったんだけど、やっぱり飽きて手放しちゃった。鳥の次は犬でしたね。日本橋の犬屋さんで、まず紀州犬を買ってきて。でも、やっぱり数日で嫌になって、スコッチテリアに取り替えてきたの。ところが、これがやたらキャンキャン鳴く犬でねぇ。うるさくてかなわないってんで、またもや取り替えて、三、四匹そんなのを繰り返して、柴犬に落ち着いたの。それがトミって名前の犬なんですけどね。

そうそう、トカゲを飼いたいって言い出したこともあったのよ。「大っきくして財布にすんだ」なんて、真面目な顔でね。あたしはトカゲなんて嫌いだし、もう面倒見きれないと思って言ったの。

「何言ってんの、父ちゃん。トカゲがそんなに大きくなったら、財布にする前に父ちゃんが食われちゃうわよ」

そのとたん、お父さん、「じゃ、やめたっ」って。なにせ怖がりな人ですからね。

トカゲに食われちゃたまらない、と一発であきらめてくれました。

結局、お父さんが最後まで飽きずにいたのは、柴犬のトミと、それから金魚でしたね。裏庭に瓢箪みたいな形をした池があって、金魚を泳がせてたんですよ。その池で、お父さんは時々金魚釣りをしてたの。釣り針にご飯粒をくっつけてから、池に竿《さお》を垂らしてね。金魚が食いつくと、「釣れた、釣れた」って大喜びしてましたよ。「フンフンフン」とか鼻歌口ずさんじゃったりして。お父さんは機嫌がいいと、鼻歌が出るんです。

ほかにも趣味はあって、川柳もやってたのよね。川柳に関しては、お父さん、なかなかセンスがよかったんじゃないかなって、娘ながらにも思うんですよ。思わずプッて笑っちゃうような作品がいろいろあったわね。

「羊羹は　大事の客の　ときに出し」
「涙ぐむ　顔でダンナの　足をとめ」
「鼻歌は　忘れたとこが　しまいなり」
「同業に　悪くいわれて　金ができ」
「怖くない　包丁を持つ　豆腐売り」
「柄の取れた　包丁を持つ　世話女房」

お父さんらしい、面白いけど、とぼけた味わいの川柳でしょ。

ヘタの横好き

それから将棋にもハマってたわねぇ。もともと子どものころから好きだったようなんですけどね。そのハマりっぷりたるや、なんと当時、入門したお弟子さんに桂太だの歩太郎《ふたろう》だの、かたっぱしから、将棋の駒にちなんだ名前付けちゃったんですから。寄席の楽屋にまで将棋盤を持ち込んで、出番待ちしてる人をつかまえては一番指してたのよ。前座さんなんか、お父さんが楽屋入りすると、真っ先に将棋盤を持ってくるんです。

ほかの噺家さんも、最初は付き合いでお父さんの相手をしてたんだけど、そのうちみんなハマっちゃったの。楽屋はもう将棋ブームですよ。将棋を指してる途中に出番が来て高座に上がるじゃない？　そうすると勝負の続きが気になって、噺がお粗末《そまつ》になっちゃうわけ。短くまとめてとっとと下りちゃうのよ。で、ある日、席亭さんが「どうもみんな噺が短い」って。理由を知った席亭さんが怒って、楽屋での将棋禁止令が出たって話です。

お父さん、噺家仲間と『まった倶楽部』なんてのも構成したのよ。きちんと看板まで作ってんの。『まった倶楽部』の看板を玄関にかけようとしている写真が、今でもあたしの手元にありますよ。その文字は馬生が書いたんじゃないかしら。あの子、絵だけじゃなくて、字も上手かったんですよ。『まった倶楽部』の「まった」は、お父さんが勝負のときによく「待った」をかけてたからなの。将棋好きではあったけど、まったく弱かったんです。

そもそもお父さん、勝負ごとは全部だめなのよ。昔は賭け事もかなりやりましたが、まず勝ったためしがない。だから将棋でも、すぐ「待った」なの。弟子相手にやるときは、みんな待ってくれるんですよ。師匠の言うことなんだから、逆らえないじゃない。ところが、この人はもう死んじゃったけど朝馬《ちょうば》さんて人だけは絶対に待たなかったの。負けず嫌いというか、強情《ごうじょ》っぱりというか。で、ほかの弟子たちが「師匠なんだから、待ってあげなよ」って諭《さと》すんだけど、「いいえ、師匠とはいえこれは勝負ですから」って。そうすると、お父さん、カッカときちゃうわけ。お父さんも相当な負けず嫌いですもの。でも結局は負けて「もう、やめだ」って不機嫌になるんですよ。負けると、やめちゃうの。たとえほかのお弟子さんが、お父さんの「待った」を聞いてあげたとしても、なかなか勝てなくて、ついには指した手を何手か戻しちゃうのよ。「え〜、この駒はさっきここにあったよな。で、その前にこの駒が……」とか言ってね。これはいくらなんでも、掟破《おきて》りですよ。そうまでしても勝ちたかったのね。

生涯の道連れ

お父さんといえば、やっぱりお酒を抜きには語れません。本当に好きでしたねぇ。お酒だけは、それこそ文字どおり最期の最期まで飲んでましたもの。辛口の日本酒を冷やで、というのがお父さんの好みでした。でも、酔っ払って高座に上がることもあったとはいえ、みなさんが思ってたほど大酒飲みというわけではないんですよ。まず、ウチではそんなに飲まなかったわね。せいぜいコップに一、二杯程度なの。夜帰ってきて夕飯にするでしょ。おかずは刺身にみそ豆やそら豆とかの豆類くらいで、それをつまみにコップ一杯のお酒をゆっくり飲むんです。二杯目になるともうご飯をよそっちゃって、キューーッと飲み干してすぐごはんという感じでした。

だから、ウチにお客さんが来ても、めったにお酒は出さなかったんです。お父さん、人と向かい合わせでじっくり飲むっていうのも苦手だったのよ。人付き合いが得意なほうじゃありませんでしたしね。そのせいか、あんまりお客さんも来なかったわね。相手だって、気詰まりしちゃうのよ。お父さんがいろいろ話しかけてくるわけでもないし、あちらがお上手を言ってくれても喜んで乗ってくることもない。そりゃ、気まずいですって。

でもね、お父さんの弟子の（古今亭）円菊さんのおかみさんが、前に話してくれたことがあるの。「師匠は、私が伺うとお茶菓子とかを出してくれたんですよ」って。ところが一度、お父さんたら自分の食べかけのお饅頭《まんじゅう》かなんかを、「食べな」って差し出したっていうのよ。「これ、うめえんだから」っってね。誰だってそんな、人の食べかけなんて嫌じゃない、普通。円菊さんのおかみさん、お母さんに「そんなもん食べなくっていいから」って言われたそうですけどね。お父さんにしたら、自分が食べておいしかったから分けてあげようと思ったらしいの。お父さんなりの思いやり、とんでもなく迷惑なね。

お酒に関しては、外で噺家仲間で飲むってこともあまりなかった。お客さん相手でも同じです。ヨイショしたりして座を盛り上げることもしないで、やっぱり一、二杯飲んで帰ってきちゃう。飲み屋で居合わせた人に声かけられるのも嫌ってましたね。「あ、志ん生だ」ってんで、一杯どうぞと勧めてくる人もいるんですが、「俺は飲まない」って意地になっちゃうのよ。あるとき、何度も何度も勧められたことがあったらしいんです。お父さんも「いや、飲まねぇ」「絶対、飲まねぇ」とか言って、そのまま店出て車を拾ったのね。で、ふと後ろ見たら、勧めてた人が徳利《とっくり》持って車を追っかけてきた。これにはお父さんも、

「俺も強情だけど、あの人もかなりのもんだ」

なんて妙に感心してましたよ。

そうね、だから外で酔いつぶれるほどに飲んだのは、昔、お相撲さんの双葉山と飲み比べしたときくらいかしら。双葉山といえば、強いうえに男前だったもんで、当時

は大変な人気だったのよ。なんでも、あちらのお弟子さんに「ウチの横綱はそんなに強くないから、師匠、勝てますよ」って言われてその気になっちゃったようなのね。もちろん、勝負になんてなりゃしませんよ。体だってお父さんよりひと回りもふた回りも大きいんだもの。手も大きくて、一合は入るコップを持つとコップがすっかり隠れちゃうらしいのよ。

飲み方だって較べものになりません。お父さんがコップ一杯のお酒をがぶっがぶっと飲んでる間に、双葉山はクイッと一息なんですって。お父さん、「すいません、負けました」って頭下げて出たはいいけど、もうべろんべろんの状態なんですから。途中で片方の雪駄《せった》の鼻緒が切れたり転んだりしたんで、ウチに着いたときは片足裸足で全身泥だらけ。お母さんにさんざん怒られてましたよ。

こんなふうにお父さんの道楽話ばかりしていると、志ん生は売れっ子になって噺のほうが疎《おろそ》かになったんじゃないかって思われるかもしれませんけど、とんでもない。どんなに売れても、いろんな道楽しても、稽古だけは売れない時代と変わらず、毎日してましたよ。日暮里の家のすぐそばに谷中の諏訪神社があって、境内に崖っぷちのところにベンチが置いてあったんですよ。その下を山手線や京浜東北線なんかが走ってるのが見えるの。そこで一人、稽古をしていたようです。人がまったく来ないところだから、稽古をするにはもってこいの場所だったんでしょうね。弟子に稽古をつけるときはしょうがないとしても、やっぱり人前で稽古をするのは照れくさかったみたい。

芸術祭賞を受賞

そんなお父さんの努力の結果が、ひとつの形になったのは昭和三十一年のことです。『お直し』という噺で、お父さんが芸術祭賞という賞をいただいたの。『お直し』というのは、博打に入れ込んで生活が苦しくなった亭主が、自分のおかみさんを女郎屋《じょろうや》で働かせるって話なんです。これって噺をする人によっては、聞いてるほうがなんてひどい亭主なんだって思っちゃうのよ。

でも、お父さんが話すと違った。夫婦の機微《きび》みたいなものが、しみじみと伝わってくるんです。あたしなんか聞いてると、「ああ、この亭主はやっぱり自分のおかみさんを愛してるから、こう思うんだな」とか感じられるの。お父さん、それこそ自分たち夫婦が苦労してきたから、この『お直し』や『替り目』みたいな夫婦の噺っていうのは、すっごく情緒が出てくるのよ。あたしもとっても好きな噺だから、これで賞を取れたのはうれしかったわね。

お父さんはやっぱり噺が上手かったんですよ。これは娘の欲目なんかじゃないとあたしは思ってます。とくに人情噺をやらせたら、本当に上手かったわねぇ。夫婦や親子の愛を語った『子別れ』なんかにしても、あれだけ情を込めて喋《しゃべ》れる人はそうはいませんよ。お父さん、いろいろ道楽もしたけど、苦労だってたくさんした。それをみんな噺に生かしてるんだなぁって感じるんです。お客さんもそれはわかっててくださったんじゃないでしょうか。いくら志ん生なら何をしても面白いし許されるといっても、噺そのものに魅力がなければ、あれだけ多くの人の心を摑むことはなかったはずですもの。

でも、お父さんはこの芸術祭賞をいただくまで、いわゆる賞というものには子どもの時分からとんと縁がなかったんです。やはり、選ぶ人たちからしたら、たとえば文楽さんのような、いつもきっちりとした噺をする噺家のほうが好ましいと思うんでしょうね。事実、文楽さんはお父さんより前に芸術祭賞を取ってるんです。お父さんはそのとき『富久』という噺をやって選ばれなかったの。それで悔しかったのね。何せ負けず嫌いな人だから。

「今度やるなら、『お直し』だ。どうせ取れないんなら、遊びの噺をしてやる」

って言ってね。芸術祭賞の審査というと、やっぱり人情ものとかのほうが評価が高いんだろうと思ったのかしらね。で、わざと郭《くるわ》を題材にした噺を高座にかけてやるというわけ。ある意味、自分の実力を評価できなかった人たちへの意地もあったんでしょう。ところが、その『お直し』で賞を取っちゃった。お父さん、「ああいう人たちにも、わかるんだ」って言ってましたよ。そして芸術祭賞を取ったこの年、お父さんの初めての自叙伝である『なめくじ艦隊』も出版されました。題名の「なめくじ」はもちろん、あのなめくじ長屋からつけられたものです。

志ん朝入門

その翌年、志ん朝がお父さんの下に入門しました。あの子が十九歳のときです。もともと志ん朝は外交官にあこがれていたの。外交官になれば、いくらでも外国に行けるという単純な理由だったんですけどね。それで大学を目指したんだけど、落ちてしまって浪人中だったの。そのうち役者になりたいと思うようになってね。先代の松本幸四郎のファンで、幸四郎の弟子になるとか言うわけよ。お父さんは志ん朝を噺家にさせたいって気持ちがあったようで、「歌舞伎役者ってのは、家柄がなきゃなれないんだよ。その点、噺家なら扇子一本で商売ができるんだから」とか言ってましたね。それでもあの子は首を縦にふらず、「日大の芸術学部でも行こうかな」って思ってたようなんです。

その間にもお父さんに「噺家になれ」と、それはもう強く勧められて、根負けしちゃったのね。ただ、そのとき、志ん朝がひとつだけ条件を出したんです。「じゃ、俺は前座からやるよ」って。というのも、それまで落語界に噺家の二世は幾人もいましたが、みんな二つ目から始めてたんですよ。馬生の場合は、戦時中ってこともあったんですけどね。志ん朝にしたら、親の七光りで特別扱いされるってことが嫌だったようなの。だから、自分はほかの普通の噺家と同じく、前座からやると言ったわけです。つまり、噺家の二世で前座から始めたのは志ん朝が最初なんですよ。

たとえ最初はそれほど気乗りはしなかったとしても、一度、噺家になると自分で決めたからにはと、志ん朝は熱心に稽古をしてましたね。最初にお父さんから教わったのは『道灌』という噺です。なんでも、お父さんは「いくら稽古しろったって、本人がやる気になんなきゃだめなんだから」と、志ん朝に言ったらしいですね。あの子も後に「おやじはわりと突き放すタイプだった」って話してましたよ。

そんな中で稽古を積んだ結果、実力が認められ、入門して二年後には二つ目に昇進して、上野の本牧亭で毎月、独演会をやるようになったんです。二つ目でまだ寄席の浅いとこにしか上がれない噺家にとって、独演会っていうのは自分の芸を磨くための格好の場なの。この独演会は真打になるまで三年間、続いたんですよ。毎月となると、噺の数がどうしてもいるじゃない。一回三席だから、毎月最低三つの噺を覚えてかなきゃならない。それはそれは大変なことです。だから必死で稽古してましたね。お父さんに教わるのはもちろん、寄席の楽屋で文楽さんなど大看板の噺を聞いて勉強したんです。あの子は前座のときから群を抜いた上手さだったと言われているけれど、その分、努力もしてたんですよ。

お父さんの付き人

志ん朝が二つ目になったころ、あたしはお父さんの付き人みたいなことをするようになったんです。お父さんも七十近くなって一人だと危ないだろうし、私も家にいてもやることがないからというんで、後をついて寄席やらテレビ局やらに行くようになったの。それであらためて「お父さんって、なんて丈夫なんだろう」と、思ったわね。まあもう、とにかく忙しいわけですよ。寄席に行って一席しゃべって、次にテレビ局で仕事をこなして、そこが終わるとまた別の寄席。夜にはお座敷に呼ばれて、そのあとにこっちの寄席って具合なの。

当時はタクシーなんて使わず、電車と歩きだったんです。それを一緒に付いてくでしょ、もうあたしはくたびれちゃうのよ。おまけにお父さん、年のわりには歩くのが速いの速くないのって、どんどん歩いてっちゃう。歩幅もあたしより大きいから、どうしても遅れをとっちゃうんです。そうすると、

「お前はなんでそうベタベタ歩くんだ。もっと、こうスッスッと歩けないのかい？」

とか言われるのよ。だからあたし、最後はまるで競歩みたいになっちゃうの。歩きながらの会話なんてありませんよ。ホント、お父さんの後をついてくのに必死で、そ

れどこじゃなかったんですから。

とはいえ、楽しくもありましたね。だって、お父さんの噺が聞けたし、楽屋でのお父さんの姿ってのも新鮮だった。ウチでもそんなに喋らない人だったけど、楽屋でもわりかし静かでね。文楽さんや円生さんとか仲のいい人とは少しは喋ったけど、自分から話しかけることはあんまりなかったんです。照れ性だから、人と目線をあわすこともできないような人だったのよ。

あたしはお父さんが出番待ちしてるときや高座の間、ただ黙って楽屋の隅に座ってました。お茶の用意とかは前座さんがやってくれるし、着物は家から着てくるから畳んだりとかもしなくていいですしね。だからそうね、用心棒じゃないけど、道中何かあったときのために、あたしは付いていたって感じでしょうか。

仕事が終わったあとに寄り道することはなかったわね。あたしが付いてるときは、そのままお酒を飲みに行くこともなかった。ただ、一、二回、上野の『藪蕎麦』か『天庄』あたりで、ごはんを食べたんです。お寿司屋さんも一度行ったかしら。食事しながら、親子の会話……なんてことはなかったわよ。サッサと食べて、「行くよ」ってな感じですね。

天ぷら屋さんのときは、あたしは最初から天丼を作ってもらうんだけど、お父さんはお酒飲みながら、つまみで何品か揚げてもらってました。それで締めに天丼を食べ

るの。天丼を頼んだら、残ってたお酒をキューッと飲むんだけど、一口だけとってお
くんですよ。で、運ばれてきた天丼の上にお酒をかける。これがお父さんのいつもの
食べ方なんです。そういえば、お寿司屋さんでマグロ丼や穴子丼を頼むときも、残し
た一口だけのお酒をかけてたわね。お酒を飲まないあたしからしたら、いったいどん
な味になるんだろうって見てましたけどね。

お父さんはマグロや穴子が好きでしたよ。天ぷらならキスとメゴチ。海老は苦手だ
ったの。お父さん、そのころ総入れ歯だったんで、海老はちょっと固いのね。入れ歯
もなんだか合ってなかったんですよ。だから大きく口開けると、入れ歯が落っこちた
りして。いっぺん、高座でも入れ歯落としちゃったことあんの。噺の途中で「お〜い」
とか言って口開けたら、入れ歯がパカッて。とはいえ、滑舌《かつぜつ》はよかったんですよ。あ
んな入れ歯で、よくあれだけちゃんと喋れるなぁと思ったもの。だからお父さんはい
つも言ってましたよ。

「俺は入れ歯でこれだけ喋ってるのに、若いもんが自分の歯で、なんでもっと大きな
口開けて、はっきりと喋れないんだ」

って。それに「自分の歯で喋ってる人を見ると、羨《うらや》ましい」ともね。

歯はけっこう前から悪かったわね。たしか日暮里の家に越してきてからよ、「歯医
者だ」「入れ歯だ」って騒ぎ始めたのは。でも、なかなか入れ歯が合わなくて、ずい

ぶん、あちこちの歯医者さんに行ったんです。晩年になってっから、高いお金出して、裏が金でできた入れ歯をこしらえたの。それがお父さんの一番の贅沢だったんじゃないかしら。その入れ歯はお父さんが亡くなったときに、一緒にお棺に入れてあげたんですけどね。

歯以外は、とくに病気をすることはありませんでしたね。風邪をひいたらお酒か風邪薬で治したし、たまに飲みすぎて胸焼けするときは胃散（胃薬）。そんなもんで事足りた。病院に行ったなんてことは、記憶にないんです。

ところが、丈夫がとりえだったお父さんに、とんでもない災難が降りかかったんです。

第四章　お父さん倒れる

お父さん、危篤

昭和三十六年、十二月十五日。その日、あたしはいつものようにお父さんに付いて、高輪のプリンスホテルにいました。巨人軍の優勝祝賀会に呼ばれて行ったんですよ。本当はお父さん、そういったパーティでの余興は好きじゃないの。ほら、お客は食事とかしてるじゃない。そんな中で噺なんかできないもの。だからいっさい断ってきたんですが、どうしてもって頼まれたらしいのね。それで飲み食いが始まる前ならってことで引き受けたんです。

ところが、楽屋で出番を待ってたんだけど、約束の時間をとうに過ぎても始まらない。お父さん、だんだんイライラしてきちゃって、「いつまでも始まらないで、どうなってんだ」とか言い出したの。横で見てるあたしもつられてイライラ。待たされるって嫌なものなんですよ。第一、お父さんがこんな状態じゃ、高座に上がってもいい噺なんかできやしないじゃない。

さんざん待たされて、ようやっと「じゃ、お願いします」って、係の人が呼びに来たんです。そんとき一緒に呼ばれたのが、今の円歌さん、まだ歌奴のころだったんですが、順番では円歌さんが先に上がることになってたのね。でも、お父さんがあまりにカッカッときてるもんだから、円歌さんにお願いして、お父さんを先に高座に上げてもらったんです。で、お父さんが喋り始めたら、会場にいた人たちがぞろぞろと料理を取りに行きだした。バイキング形式だったんで、部屋の脇のテーブルに料理が並んでたのよ。開始時間が遅れたもんで、食事も一緒に始まっちゃったんです。

そう、約束が違うのよ。お客も待たされてお腹すいてるから、料理にワッと群がっちゃって、落語を聞くどころじゃない。で、お父さん、カーッとなって、そのまま高座でひっくり返っちゃった。そんとき、あたし楽屋にいたんだけど、噺がプツッと途切れたから「あれ？」と思ってね。そしたら係の人が、「師匠が具合悪くなられたみたいです！」ってあわてて飛んできたのよ。

すぐに救急車を呼んで、近くの船員病院ってとこに運んだんですが、お医者さんに「大変、危険な状態です。今夜が山ですから」とか言われたの。病名は脳出血。もう、あたし動転しちゃって、あわててウチに連絡して、みんな駆けつけたんだけど、お母さんは来なかったんですよ。怖かったのかもしれない。それか、お父さんがそんなに簡単に死ぬわきゃないとでも思ったのかもしれませんね。でも、お母さんのことだから、おそらく家で祈ってたんじゃないかしら。

志ん生が危篤だってんで、噺家仲間も病院に来たの。もうお別れを言うつもりでね。病室の真ん中にベッドがあって、ドアからみんなして入って来るんですよ。文楽さんとか円生さん、円歌さん、とにかく大勢の人がぞろぞろ入って、ベッドのお父さんの顔見て、ベッドの周りぐるっと回って、またぞろぞろ出てくわけ。もう何十人って数なのよ。それ見て、あたし、「いよいよお父さんもだめなのかな」って思ってました。

「酒くれ！」

ところが翌朝、持ち直したんです。目を覚ましたとき、そばにはあたしと馬生、それとお弟子さんが一人いたんですが、お父さん、パチッと目開いてね。そんとき言ったセリフが、「酒くれ」なのよ。ああ、こりゃもう安心だなと思ったわね。で、お母さんに「大丈夫だよ」って電話したんです。お医者さんも完全にだめだと思ってたようだから、相当にビックリしてましたよ。やっぱり、お父さんは根が丈夫なのね。それに運の強い人なんですよ。

意識を取り戻してからも、病院にいる間ずっと「酒買ってこい」って言ってたわね。そのたびに「もう夜遅いから、酒屋さん閉まっちゃってるよ」とか「近所に酒屋がないのよ」なんて、なだめすかすんです。まるでだだっ子をあやす母親の気分でしたよ。あたしじゃ埒《らち》があかないと思ったお父さん、今度は馬生に言うわけ。

「お前は、親孝行かい？」

「そりゃ、まあ、そう思ってるけど」

「ウン、なら、黙って酒を買ってこい」

馬生が「姉ちゃん、父ちゃんに何とか言ってやってくれ」って、あたしに訴えてましたよ。

入院してたのは、半月か一か月くらいだったかしら。大病のわりにはけっこう早く退院したんです。というのも、お父さんが「家ぇ帰る、帰る」と言って聞かないのよ。お医者さん、嫌いなんですよ。やっぱり怖いのね。注射なんか、もう全然だめなの。注射器見ただけで、「うわわっ」てなっちゃうんです。

そういえば、お父さんが晩年になってからの話で、お尻のデキモノができて手術しなきゃならなくなったことがあってね。注射すら怖いのに、手術となったら大変なわけですよ。お父さんのお客さんで熊野前ってとこの日医大に勤めてる人がいて、入院の予約をしてくれてね。嫌がるお父さんをなんとかなだめて、あたしとお弟子さんとで連れて行ったの。

個室があいてなかったので二人部屋に入ったんだけど、同室の患者さんの具合があまりよくなかったのね。胃ガンの手術直後とかで、鼻から管を通された状態で、それ見てお父さん、怖くなって「俺をこんなとこに置いてくのか」って、騒ぎ出したんです。あたしが「だめよ、父ちゃん。今、来たばっかりなんだから。手術しなきゃ、治んないでしょ？」と言うんだけど、「いや、もう帰る」の一点張り。しまいには「おめえたちは俺を殺す気か？」って、同室の患者さんの容態《ようだい》がよくないの見て、自分もそうなっちゃうと思ったらしいのよ。

しかたなく病院に相談したら、「駿河台の本院に個室がひとつあいてるから、そこに入ってください」と言われたんです。それでいったん車で向かったんだけど、車中でもお父さんがずっと「やっぱり、やめだ。俺は帰る。帰るったら帰るんだよ」とか騒ぐのよ。一度言い出したら、ほかの人の言うことなんて聞く耳持ちませんからね。もう家に帰るしかなかったんです。ところが次の日、馬生のお嫁さんが「お父さん、ちょっとお尻見せて」つって、おできを押してみたの。すると膿《うみ》がピューッと出て、ついでにおできの根っこも飛び出して治っちゃったのよ。そしたら、お父さんってば、「ほぉら、見ろ。手術しなくてよかったじゃねえか。言わんこっちゃねえ」なんて、得意げなの。「それはたまたまでしょ」って、みんなして言ったんですけどね。

そこまでの病院嫌いなものだから、脳出血で倒れたときも、とにかく家に帰りたがったわけ。それで、お医者さんに往診してもらって、家で養生することになったんです。幸いなことに大きな後遺症は残らなかったものの、やはり倒れる前と較べて、噺に歯切れのよさが感じられなくなった気がしましたね。体のほうも右半身が多少不自由になった。とはいえ、死を宣告されたとは思えないほどの回復ぶりだったのは間違いありません。

早々に高座に復帰

体が元気になると、気力もみなぎってくるものです。だもんでお父さん、一日も早く高座に上がりたくなってきたの。ある日、「おい、独演会やるから人形町取ってくれ」って言い出したんですよ。人形町にある末広という寄席を押さえてくれってね。あたしたちは「お父さん、まだ無理だよ」と止めるんだけど、「いや、大丈夫だよ。いいから人形町取ってくれ」。そう繰り返すばかりなんです。あんまり言うもんだから、家族や弟子の円菊さんとかと相談して、「やらせてあげよう」ってことになったの。それが倒れた翌々年のことです。

独演会当日は、志ん生の復帰を待っててくださったお客さんで寄席は埋めつくされてました。演目は忘れましたが、お父さんは二席やったんです。やっぱり、ところどころ口の回らない部分もあったけれど、お客さんは喜んでくれましてね。もちろん、お父さんも嬉しそうだった。だから、あたしたちも思いきってやらせてあげてよかったなぁって話したんですよ。

その独演会では、ウチの兄弟も出演したの。妹が三味線弾いて、志ん朝が唄って、馬生が踊ったんですよ。寄席とか落語の会って、噺の間に色物（曲芸や漫才、奇術など）を入れるんですね。でも、そんときは、ほかの色物さんにお願いして、お父さんが万が一、途中で具合悪くなったりしたら迷惑かけるじゃない。だからみんなで何やるか考えてね。あとはそうね、お父さんの復帰を家族で応援したいって気持ちもあったんです。

独演会が成功してから、お父さんは本格的に復帰を果たし、またあちこちの寄席にも出るようになりました。あたしもまた付き添いましたよ。ただ、歩くことがままならなくなったので、円菊さん、朝馬さん、（古今亭）志ん駒さんなどのお弟子さんが、お父さんを負ぶって寄席に通うようになったんです。高座にも一人では上がれないでしょ。なので、お父さんの出番の前にいったん幕を下ろして、あたしがお父さんの手を引いて高座まで連れてくんです。で、講釈師が使う釈台を前に置くの。そこに手をついて体を支えるわけね。それから幕を開けて、お父さんが噺をする。そうやって高座を務めてたんですよ。

志ん朝、真打に昇進

　そして、お父さんの復帰と同じ年、二十四歳になった志ん朝が真打に昇進し、二代目古今亭志ん朝を襲名しました。入門からわずか五年での真打昇進は異例の早さです。なにせ二つ目から真打になるのでさえ、十年かかるのはあたりまえと言われてるんですから。あの子としたら、喜びより、戸惑いのほうが大きかったと思いますよ。いくら世間が志ん朝の芸をほめてくれても、本人は「まだまだだ」ってわかってる。なのに真打になれたのは、周りが父親である志ん生の手前もあって、お膳《ぜん》立てしてくれたんじゃないか。それだったら迷惑な話だというわけですよ。だけど、志ん朝はとにかく人に気を使う子でしたからね。たとえそうだとしても、せっかく周囲の人が真打昇進に向けて動いてくれてるのに、逆らったりしたら申し訳ないと思っちゃうの。だからあの子、言ってたのよ。

「それなら、(志ん朝の名を)もらうまんまになってたほうがいいかなって我慢してなったけどね。本当はもっとのんきにしてたかったたって気持ちはあるんだよ」

　ってね。いろいろ複雑な気持ちを抱えていたんでしょうね。でも、あたしはやっぱり嬉しかったわよ。そのころ、あの子はＮＨＫの『若い季節』という番組にも出たりして、落語界以外でも、すごい人気だったんです。でも、本業の噺家としても認められたのは、姉としてよかったなぁと。お父さんもきっと同じ気持ちだったんじゃないでしょうか。

志ん朝がテレビやら何やらで売れて忙しくなり始めたとき、一時期あたしがマネジャーとして仕事場に付いてったこともあったんですよ。やっぱり心配なの。もう立派な大人でも、あたしん中では小さいころのままの志ん朝って意識が強かったんでしょうね。でも、ほどなくして「もう姉ちゃん、付いて来なくても大丈夫だよ」って、三木のり平さんの事務所にお世話になることになったの。のり平さん、とっても志ん朝をかわいがってくれたんですよ。

車好きのモダンボーイ

そんなある日、突然、志ん朝が車を買ってきてね。外国の車でアルファロメオとかってオープンカーなんですけど、当時、東京にはまだ二台しかなかったんですって。この車でピュッと仕事に行くようになったの。あたしは車はすぐ酔っちゃってだめなもんだから、それで志ん朝に付いてくこともなくなったんです。

ところでこの車、あたしはあの子自身が買ったとばかり思ってたんですが、実はお母さんが買ってあげてたのよ。みんなに内緒でこっそりとね。これは後々になって、お母さんから「実はね」って打ち明けられたんです。志ん朝に、「この車ねぇ、母ちゃん。とてもいい車なんだから買ってくれないかい?」とかおねだりされたらしいの。お母さんも、つい「ああ、いいよ」ってなっちゃうのよ。末っ子の志ん朝は目の中に入れても痛くないってほどのかわいがりようでしたからね。

そういえば、あの子が『若い季節』に出演してるとき、こんなことがあったの。番組を見てたお母さんが、台所にいるあたしんとこに飛んできてね、

「強次が今『若い季節』でトリを取ったよっ!」

って。高座でもないのにトリを取るってのもおかしな話じゃない。で、よくよく聞いたら、ラストシーンで志ん朝のアップになって番組が終わったらしいの。もう、たまたまなんですよ。なのにお母さん、「強次はすごいねぇ、トリ取るんだから」って大はしゃぎ。そんくらい、あの子のことになると見境《みさかい》がなくなるんですよ。お父さんのお弟子さんも言ってたのよ。志ん朝のことをほめると、それまで怒ってたお母さんの機嫌がよくなるって。

それで、車をねだられても許しちゃったわけ。でもってお母さんが「その車はいくらするんだい?」と聞いたら、なんと当時で二百五十万円もしたんですって。でもお母さん、家じゅうのお金集めて買ってあげちゃったのよ。これにはあたしも、びっくりしたわね。

志ん駒さんは、その車で志ん朝とドライブに行ったことがあるんですよ。志ん駒さ

んが待ってるところにスッと乗りつけて、「志んちゃん、行くぜ」とか言って走り出したはいいけれど、そんとき真冬だったのね。志ん朝はダブルの背広と白いネクタイ姿で颯爽《さっそう》と運転してるのに、志ん駒さんは薄着だったんですって。ほら、オープンカーでしょ。もう寒くて寒くて、タオルでほっかむりしてたって話です。そういうとこはあの子、お坊ちゃんなのよ。ほかの兄弟と違って、すごい貧乏は経験してないうえに、大事に大事に育てちゃったから。

ちなみに、お父さんは志ん朝が車を買ったことを知って、こう言ってましたよ。

「車なんざ、買うこたねえんだよ。そんなもんに乗らなくたって、国電ってのがあるじゃないか」

って。それに対する志ん朝の弁ってのが、

「俺はほかに何の趣味もないんだし、唯一、好きなものが車なんだから、いいじゃないか」

でもあの子、高校んときはジャズに夢中になって、日暮里のジャズ喫茶によく出入りしてたんですよ。それからウエイトリフティングっていうんですか？　いわゆる重量挙げもちょこっとかじったことがあるの。けっこういろんな趣味持ってたのよ。好奇心旺盛《おうせい》というか、今風のモノが好きなところがあったんです。

紫綬褒章、勲四等瑞宝章をいただく

志ん朝が真打になったころには、馬生も着実に自分のお客をつかむようになっていました。そしてお父さんの高座復帰と、わが家の三人の噺家によき日々が訪れていたとき、お父さんが大きなご褒美をいただくことになったんです。それが芸術への功労を表彰する紫綬褒章《しじゆほうしよう》。お父さんが七十一歳のときですね。こんときは文楽さんたちと『神田川』という料亭でお祝いをしたの。

お母さん、志ん生襲名のときと同じくらい喜んでましたね。もちろん、お父さんもです。知らせを受けたとき、「金メダルをいただけるってわけか」とかって、顔くしゃくしゃにしてましたもん。それにしても、金メダルって……。いくら、いただいたのが東京オリンピックの年だったとはいえねぇ。

でも、心底うれしかったのは間違いありません。実はその三年前に、先に文楽さんが紫綬褒章を受けてたんだけど、お父さんすごく悔しがったの。ほら、芸術祭賞も文楽さんに先越されちゃったじゃない。口には絶対に出さなかったけれど、娘のあたしにはわかるんです。文楽さんとはずっと昔から好敵手だったでしょ。しかも芸風が正反対だし、いろいろ比較されることも多かった。芸やお客さんの数は負けないと思ってても、こと賞とかそういうもんは、いっつも文楽さんに行っちゃう。やっぱり、悔しかったと思うの。何より負けず嫌いですしね。自分も認められたってんで、喜びもひとしおだったんじゃないでしょうか。そのくせ、いろんな人にお祝いを言われると、照れくさくって「何かくれるって話だねぇ」とかって他人事みたいな顔すんのよ。ご褒美といえば、勲四等瑞宝章もいただいたんです。あれは紫綬褒章の三年後だったかしらね。いただいた褒章や勲章は、今でもあたしが持ってますよ。どっちかの裏には「美濃部孝蔵」ってちゃんとお父さんの名前が入ってるんだけど、もう片方のには何もないの。なんでなのかしら。あれじゃ、よその人の持ってきちゃっても、わからないじゃないねぇ。別にお父さんの形見とか、すごいものだからって取っといてるわけじゃないのよ。ただ捨てるわけいかないってだけで、そのうち誰かにあげようと思ってるんです。お父さんのファンだった人とかにね。あたしが持ってるよりもいいじゃない、大事にしてくれそうだから。

のんびりできないお父さん

お父さんが褒章を受けたころだったかしらねぇ。お父さんとお母さん二人っきりで旅行に出かけたことがあるんですよ。お母さん、ずっと苦労してきて、お父さんが売れるようになっても、自分じゃ贅沢をしない人だったでしょ。だから、あたしら兄弟で、お父さんに「お母さんを旅行にでも連れてってあげなさいよ」って、言ったの。

一回くらい女房孝行してやんなよってことでね。それで、二泊三日くらいで熱海に行ったのよ。お母さん、そりゃうれしそうでした。何たって結婚して初めての旅行なんですもの。

ところが、その晩。あたしが、もうそろそろ寝ようかなと思ったら、玄関の戸を叩く音がするんです。出てみたら、お父さんとお母さんが並んで立ってんの。「どうしたの？　帰りは明後日のはずじゃない」ってあたしが言うと、お母さん、ぷりぷり怒りながら「だって、父ちゃんが帰りたいってんだもの」。旅館に着いて部屋に通されるじゃない？　そしたら三十分もしないうちに、お父さんが「帰ろう」と言い出したっていうの。お母さんがびっくりして、「何て言って帰るのよ、二日も予約しておいて」っつったら、「仕事が入っちゃったって言やぁいいよ」ですって。たぶん、お父さんの性分からすると、そういう何もないとこでのんびりってのができないんですよ。だれちゃうっていうのかしらね。それで、夕飯すら食べずに旅館をあとにして、上野だかで映画を見てきたらしいんです。

お母さんは相当がっかりしたでしょうね。せっかく温泉につかっておいしいもの食べて、のんびりしようと思ってたのに、何ひとつできないままとんぼ返りなんだもの。疲れに行ったようなもんよね。

おまけに、それ一度じゃないのよ。しばらくたって今度は京都に行ったの、二人して。そんときは四泊五日の予定だったのが、またしてもその日の夜に帰ってきちゃった。お母さん、さすがに堪忍袋《かんにんぶくろ》の緒が切れて、「もう金輪際《こんりんざい》、父ちゃんとはどこにも行かないっ」て、あたしたちの前で宣言したわね。お父さんのわがままに振り回されて、お母さんも大変ですよ。

旅行といえば、志ん朝も高校時代にお父さんと京都に行ってるのよ。旅行に連れてった子どもなんて、志ん朝だけなんですけどね。そんときも大騒ぎだったの。出発する日の朝になって、お父さんたら「やっぱり、行かない」とか言い出すんです。それを志ん朝やあたしが、「もう予約しちゃったんだから」と、説得してやっと出かけたのよ。たしかそのときも早く帰って来たんじゃないかしらね。なんでも、旅館の番頭さんの態度が気に入らないとか何とかで。志ん朝も「父ちゃんは、本当にわがままだよ」って、やっぱり怒ってたわね。

あたしの結婚

こんなドタバタもあった中、あたしにはひとつの転機が訪れていました。四十を過ぎて初めて、結婚をしたいと思う人が現われたの。その人が、ニッポン放送に勤めてたころの先輩で、円歌さんの息子さんなんです。前に昔からの顔馴染みだったたってお話したでしょ。で、彼の口利きでニッポン放送に入ってから、毎日一緒に出勤するようになってたの。朝、あたしんちに迎えにきて、ウチで朝ごはん食べて出かけてったのね。仕事のあと、会社の人たちも一緒に必ず飲みに行ってたんだけど、遅くなるときは彼があたしを家まで送ってくれてたんです。そうしてるうちに、自然とお付き合いが始まるようになったの。

今考えると、あたしがニッポン放送に入る前から、あたしにとって彼は気になる存在だったんじゃないかなって。お付き合いするようになってから、少しずつ「この人となら、一緒になってもいいな」と思うようになりました。あちらも噺家の家で境遇が似てるし、お互いの家族も気心が知れてますしね。彼の親御さんも「美津子ちゃんなら」って、言ってくれてたんですよ。

それで話がトントンと進んでたんだけど、実はお母さん、この結婚に乗り気じゃなかったんですね。あたしには一言も言わなかったんだけど、なんとなく空気で感じ取れるものでしょ。お母さん、妹にはその理由を言ってたのよ。あたしがお勤めしてたころ、彼はしょっちゅう家に来てたじゃない。それがウチのお父さんが脳出血で倒れたとたんピタッと来なくなったことが、お母さんは引っかかってたみたいなの。

だけど、「ミツがこの年になって、初めてお嫁に行く気持ちになったんだからしかたがない」って。あたし、そんとき四十四になってましたからね。でも、お母さんの本音を知らないから、「あたしを手放したくないんだな」くらいにしか思ってなかったんです。

あたしのお嫁に行きたいという思いの強さを知って、何も言えなかったお母さんですが、やっぱり行かせたくないって気持ちだったのね。その心労もあったと思うの。結婚の準備が着々と進んでた九月の初旬、お母さんがいきなり倒れちゃった。原因はお父さんと同じ脳出血。突然、気分が悪くなって、馬生のお嫁さんがお医者さんをすぐに呼んでくれたのね。あたしは出かけてて、帰ってから知ったんです。幸い大事には至らず、意識もわりとはっきりしてたし、後遺症も残らなかったんですよ。でも、もう無理はできませんよね。あたし、このままお母さんを置いて、結婚していいものか悩みましたよ。そしたら、馬生が「姉ちゃん、お嫁に行ってもいいよ。母ちゃんのことは俺たち夫婦で面倒は見るから」って言ってくれたの。あたしも馬鹿よね、それで大丈夫だと思って、嫁ぐことにしたんですよ。

お母さんが倒れた翌年、あたしはホテルオークラで挙式しました。彼の関係者の紹介でオークラになったんです。あたしは白無垢とお色直しの着物を着ました。白無垢はホテルで借りて、お色直しは上野にある馴染みの呉服屋さんが貸してくれたの。黒地で梅の花が付いてる着物で、あたしはとっても気に入ってたのよ。

そうしていわゆる新婚生活が始まったんだけど、あたしの頭からはどうしてもお母さんのことが離れなかった。もちろん、約束どおり、馬生とお嫁さんがちゃんと面倒を見てくれてはいたのよ。馬生一家は日暮里のウチのすぐ裏に住んでたんですが、あたしがお嫁に行った後は、お父さんお母さんと同居してくれてね。お嫁さんがお母さんの世話をして、馬生とお弟子さんたちがお父さんを見ててくれたんです。

でも、あたしとしたら「長女なのに弟夫婦に親の世話を任せきりにして申し訳ない」って、気持ちがあった。何よりあたし自身、「母ちゃんのそばで面倒を見てあげたい」と思ってたの。だから、一日か二日にいっぺんでいいから実家に顔を出したいってんで、同居してたお姑さんにお願いしたのよ。でも、「あちらの家はもう馬生さんに任せてあるんだし、あなたはウチに嫁いだ人なんだから」って。お姑さんは昔の人だから、嫁がそうしょっちゅう里帰りするなんて、考えられなかったんですね。

でも、嫁ぎ先から日暮里の実家までそんなに遠くない距離なのよ。お母さんの顔見てパッと帰ってくるだけなんだから、そんなに時間は取らないでしょ。しかも家の仕事がない時間帯に行きますからって言うのに、首を縦に振ってはくれなかった。それで彼に相談したの。

「ウチのお母さんは、自分は食べるものも食べずに一生懸命働いて、あたしたちを育ててくれたの。その母の具合が悪いから、ほんの少しでもいい、実家に行く時間をくださいって、お義母さんにお願いしてもだめだって言うの」って。なのに、お姑さんが承知しないなら無理だって言うのよ。母親には逆らえない人でしたからね。

あたしも腹が立っちゃって、「今、お母さんに恩を返せなかったら、もう返すときがないの。悪いけど、あたしはウチに帰らせてもらいます」って。そしたら彼、「じゃ、しょうがないね」って、それだけ。その一言で彼に対する気持ちはいっぺんになくなった。で、荷物まとめてウチに帰っちゃったの。それっきり、あの家に足を踏み入れることはありませんでした。こうしてわずか半年ほどの結婚生活は終わったんです。ウチに戻って、お母さんに「あたし、帰ってきたから」と言ったときの、お母さんの嬉しそうな顔ったらなかった。それ見て「ああ、あたしの決断は間違ってなかった」って思いましたよ。ところが、お父さんまで喜んだのよ、これが。結婚するときは、「どっちでもいい」みたいな顔してたのにね。本音はお父さんもあたしをそばに置いときたかったのかもしれません。馬生も、あたしが戻ったことについて何も言いませんでしたね。向こうの家は同じ稼業という手前、思うとこはいろいろあったろうけど、でもあたしには何も言わなかったの。

戻ってきたとはいえ、そのままウチに住み着いたわけじゃないんですよ。いきなり実家に戻ると、あちらのメンツとかいろいろ角が立つじゃない。だもんで、ひと月くらい女友だちの家でお世話になってた。彼女がすごくいい人でね。事情を話して「ここにちょっと置いてくれる?」っつったら、「そのほうがいいから、ウチにいなさい」と言ってくれたのよ。今でも、その人とは仲がいいんですけどね。それで、お母さんが彼女に「美津子がかわいそうだから、とにかく面倒を見てください」って、涙ながらに電話をかけてきたの。友だちには「あんた、お母さんを大事にしなよ」と言われましたね。そうして一か月後、あたしは帰りたくってしょうがなかったわが家に、晴れて戻ることができたんです。

あたしが家に戻った年、お父さんにもつらい出来事がありました。脳出血で倒れて死の淵をさまよいながらも生還《せいかん》し、さらに高座に復帰して世間に「奇跡だ」といわしめたお父さんでしたが、その「奇跡」も長くは続かなかったの。

お父さんの引き際

お父さんは上野鈴本の初席（元日〜十日）を最後に、寄席には出なくなっていました。不自由な体で毎日寄席に通うのは大変ということでね。寄席のほかには東横落語会と精選落語会（看板の噺家だけを揃えて開かれる会）に出ていたんだけど、東横落語会もやめてしまったの。このころから「ちょっとおかしいな」ってのがあったんですよ。高座に上がって枕を始めるでしょ。そっから噺に入ってくわけだけど、枕と噺って、たいがい対《つい》になってるんですよ。この枕のときは噺はこれっていうようにね。

ところがお父さん、始めた枕と全然違う噺になっちゃう。もっとも昔からお父さんはいい意味でいい加減というか、型にはまらない落語をやってはいたけれど、それとは違うっていうのがわかるのよ。あたしはお父さんの高座、何度も見てますからね。これはキツイなと思って、「父ちゃん、体もしんどいだろうし、もうやめない?」って言ってたの。

そんな中、ひと月おきにやってた精選落語会があって、あたしは心配で高座の後ろの屛風《びょうぶ》に隠れて聞いてたの。お父さんがトチったりしたら、教えてあげようと思ってね。そしたらやっぱり、枕と噺が違っちゃったのよ。あたし、小声で「違うよ!」って言ったんだけど、お父さんには聞こえない。それでね、終わったあとに、あたしが言ったの。「わかった」「そろそろ父ちゃん、やめようよ。いいじゃない、もう」って。そしたら、「うん。わかった」つって、結局、それが最後の高座になりました。お父さんも自分で思うように喋れないことはわかってたのよ。だからあたしの言うことに素直にうなずいたんでしょうね。

このころになると、もしかしたらお客さんも「志ん生も、もう終わりかな」と感じてたかもしれません。ただ、それでもお客さんにはお父さんの姿を見たいというのはあったと思うんですよ。でも、あたしたち身内にしてみれば、絶頂期のお父さんの高座が頭にあるから、「こんな姿をお客さんに見せたくない」という気持ちだったんです。

そりゃ、寂しいってのもありましたよ。お父さんの噺が聞けなくなっちゃうんだもの。本当にいい噺をしたんですよ、お父さんは。聞いてると、その情景が見えてきますからね。長屋の噺をすればその長屋が、郭噺をすると吉原の風景が、パァ〜っと浮かんでくるんだもの。登場人物にしたって同じなのよ。お父さんが喋ると、このご隠居はこんな顔してるんじゃないか、あの若旦那はこういう性格だなって、パッとイメージがわく。こんな噺家はなかなかいないと思うんですよ。

でも、やっぱり引き際というものがある。お父さんだって、ここまでやればもう満足じゃないかなって思ったのよね。そんな家族の心がわかったから、お父さんも素直にやめた。それでもやっぱり、最期までもう一度、高座に上がりたいと思い続けてたんですけどね。

お父さんもずっと家にいるようになって、あたしとお母さんとの三人での暮らしが始まりました。このころだったかしらね、志ん朝が結婚したのは。おかみさんとは、あの子の一目惚れで一緒になったのよ。若いころから志ん朝は淡路恵子《あわじけいこ》さんが好きでね、かわいいというより、きりっと小股《こまた》の切れ上がった粋な女の人が好みなんです。おかみさんも、そういう人なのよ。

とにかく、志ん朝はおかみさんを大事にしてましたね。二人がまだ付き合ってるころの話なんですが、ある晩、台風がきたのよ。そりゃすごい暴風雨でウチの雨戸が飛ばされそうになって、あたしとお手伝いさんたちで必死になって雨戸を押さえてたの。そしたら、志ん朝が家を出て行こうとするのよ。「こんな嵐ん中、どこ行くの？」と聞いたら、「彼女んとこ」ってしらっと言うわけ。「ウチは大勢人がいるからいいけど、あっちは一人でかわいそうだから」ですって。「ウチだって大変よぉ、見たらわかるでしょ」なんて、内心思ったんですけどね。ま、惚れた弱味ですもの、しょうがないわよ。人の恋路をじゃましましたら、馬に蹴《け》られちまいますもん。

その恋が実って一緒になれてよかったわよ。でも、お父さんお母さんも志ん朝の結婚を喜ぶ一方で、寂しい気持ちもあったでしょうね。かわいいかわいい末息子が独立しちゃったんですから。

引退後のお父さん

晩年のお父さんは、毎日、とくに何をやるってこともなく過ごしてました。たまに弟子相手に将棋を指したり、それから居間でテレビを見てることが多かったかしら。お父さん、西部劇とか好きだったのよ。それから『ベン・ケーシー』とか『コンバット』もお気に入りだったわねぇ。映画やドラマは邦画より洋もののほうが好んで見てたかな。スポーツではボクシングや野球なんかが好きでしたね。でも、ルールはよくわかってないの。

野球でいえば、円菊さんが昔、話してくれたことがあるんですよ。円菊さんが二つ目時代に噺家仲間と草野球チームを作ったのね。で、試合のあと、みんなしてウチに来たわけ。そしたらお父さん、まず円菊さんに「どうだった」つって試合の結果を聞いて。「ええ、勝ちました」って答えたら、隣の人に「おう、お前は？」。聞かれたほうはとまどいながらも、「か、勝ちました」。「ふうん。お前は？　お前も勝ったのか。なら、お前は？」って、全員に聞いたってんですよ。でもって、

「なんだ、みんな勝ったのか。すごいな」

あたりまえですよ、同じチームなんだから。それっくらいわかってなかったのね。テレビ好きといっても、真剣に見入ってるわけでもないんですよ。だってチャンネルをやたらガチャガチャ回してたもの。でね、テレビで落語をやってて、出てる人があまり上手くないと「回せよ」なんてことも言ってました。自分ができないからよけいに腹立たしかったのかもしれませんね。

このチャンネルを変えたがる癖では、あたし、お盆のときに冷や汗かいたことがあるんですよ。お坊さんを呼んでお経を上げてもらったんですが、お父さんたらテレビつけっぱなしで、ずっと見てるのよ。しかも毎度のごとくチャンネルをひっきりなしに変えるんです。ちょうどリモコン付きのテレビが出始めたころでね。太い線がついた大っきいやつなんだけど、妹が買ってくれたの。そのリモコンでガチャガチャ、ガチャガチャ、チャンネル変えるのよ。

ウチは仏壇の隣りにテレビがあったもんだから、「南無妙法蓮華経〜」ってお坊さんが読経する横で、お父さんが「ガチャガチャ」。「南無妙法蓮華経〜」「ガチャガチャ」って、もうヘンテコな合いの手になっちゃってるんですよ。お坊さん、お経を上げながら、横目でちらっちらっと見てるし、あたしはひやひやしてたわよ。しかも、お坊さんが帰るときに「ご壮健《そうけん》で何よりです」とか言われて、もう平謝りですよ。

あとはそう、銭湯に行くのも楽しみのひとつでした。ウチにあるお風呂は狭いから、広いとこに伸び伸びと入りたくて、近くの『世界湯』って銭湯に行ってたの。それも一番湯につかりにね。そんときは円菊さんや志ん駒さんたちお弟子さんが、お父さんを負ぶって連れてってくれたんですよ。志ん駒さんはわりと小柄な人だから、負ぶうとお父さん、足をずるずる引きずっちゃうの。でも、志ん駒さんは体がガッチリしてて、力持ちだったのよ。

お風呂は熱いのが好きだったんです。銭湯でも、どんなに熱くても水で埋めないで入ってたみたいですよ。そこらへんは江戸っ子だわね。お弟子さんの話では湯船でも洗い場でも、お父さんの場所ってのが決まってたらしいの。ほかのお客さんがその場所にいても、お父さんが入ってくると黙ってサッとのけるんですって。もう指定席になってたのね。本当にお父さんは銭湯好きだった。お弟子さんが誰も都合つかないと行けないじゃない。「今日はウチのお風呂で我慢して」って言うと、「いや、俺は一人で這《は》ってでも行く」とかって、あたしを困らせたこともあったのよ。

お弟子さんたちは、お父さんがたまに外出したいっていうときも、負ぶって連れて行ってくれました。いつだったかお父さんがデパートの古美術品の即売会に行きたいと言って、志ん駒さんが連れてったのよ。これがとんでもないことになっちゃったの。デパートに着いたら、店員さんが志ん生だって気づいたらしいのね。それで気をきかせてくれて、一般客用じゃなくて業務用エレベーターに案内してくれたんですって。

ところが、二人して乗ったはいいけど、志ん駒さん、操作のしかたがよくわかんなかったらしいの。だもんで、上の階へ行かなきゃならないのを間違って地下の食料品売り場へ行くボタンを押しちゃった。で、エレベーターが着いてドアが開いたら、目の前に山積みのタクアンがあったって言うのよ。ほら、ウチのお父さん、漬物とかタクアン大嫌いじゃない。タクアン見たとたん、志ん駒さんの背中で「逃げろ、早く逃げんだよっ」て大騒ぎしちゃって大変だったそうですよ。

そんな迷惑をかけたりもしたけれど、お父さんは基本的には家の中で過ごしてましたね。テレビを見るほかは、よく本を読んでた。それも落語に関するものが多かったわね。昔のボロボロになった本まで引っ張り出して目を通してましたよ。ずっと手放さなかったのは、『円朝全集』。三遊亭円朝という幕末・明治期の名人と謳われた噺家の全集なんですが、いつも枕元に置いてたんです。

あるとき、馬生が『円朝全集』をちょっと貸してくれって頼んだらしいの。そしたら貸すには貸すんだけど、馬生が読んでる間、ジーッと見てて、読み終わったらひったくるようにして取り上げたんですって。それくらい大事にしてたし、息子とはいえ馬生にさえ噺家としてのライバル心もあったと思うの。それもこれも、いつでも高座に上がれるようにという、お父さんの心づもりだったんです。

あたしにも「独演会やるから、寄席取ってくれ」と、何度も言うのよ。もちろん、そんなの無理だから困っちゃったんですけどね。それにお父さんの噺に対する執念が、少し怖くもあったわね。

高座には上がれなくても、お父さんはとりあえず元気だったんだけど、お母さんはほとんど寝たきりの状態になってた。ごはんは食べてはいたものの、少しの量で、食事の支度は、馬生のお嫁さんも手伝ってくれたのよ。当時、あたしはお父さんお母さんと同じ一階の八畳間で寝起きをしてたの。そばにいないと、何かあったときに困るから、二人の間に挟まって川の字になって寝てたんです。お母さん、寝たきりで体も動かせないから、そのままにしてると背中が痛いし、床ずれもできちゃうでしょ。だから夜中でも起きて、背中をさすったり体の向きを変えてあげたりしていたの。

このころになると、体がしんどかったせいか、お母さんもあんまり喋らなくなってましたね。でも、あたしがそばにいて安心してるっていうのは、なんとなく伝わってくるんですよ。あたしも子ども時分に内職するお母さんのそばで宿題をやったり、一緒に台所仕事をしたことをいろいろ思い出してましたね。

お母さんの死

そんな状態が続いた昭和四十六年の十二月八日。その晩、お母さんの容態が急に悪くなったの。お医者さんに来てもらったら、「今晩、気をつけてください」って言われて。あたしはお母さんの枕元で看病してました。寝てると唇がすぐに乾いちゃうんで、小さい丼に水を入れてね。脱脂綿にその水を含ませて、お母さんの口元を拭いてあげるの。そのまま一晩中、一睡もしないで、ただただ唇を拭ってた。

明け方になって、お母さんに「ちょっとお水を取り替えてくるからね、待っててね」と言って、丼の水を替えに行ったんです。それで戻ってきたら、何か変なの。わかるのよ、ただ寝ているのとはどこか違うって。「母ちゃん、母ちゃん」って何度も呼んでみたけど、返事がないし、目が開かないの。隣りでまだ寝てるお父さんに「起きて、母ちゃんがっ」て声かけてから、急いで裏の家に住んでる馬生を呼びに行って来て、それからお医者さんにもすぐ来てもらった。でももうお母さんは亡くなってたんです。その顔はとっても穏やかだった。本当、眠るような静かな最期でしたね。

お父さんは、お母さんが死んだと聞いても、ただ黙ってた。呆然としてたってほうが正しいかもしれません。お葬式で喪主を務めたのは、馬生でした。お父さんは挨拶も何もしなかったわね。あたしたちが弔問客のお相手とかで忙しくしてる間も、一人でボーッと座ってたんです。あたしたち家族は、一番大切な人の旅立ちを静かに受け止めていました。一人ひとりの中にあるお母さんとの思い出を瞼《まぶた》の裏に映し出していたとでも言えばいいのかしら。

志ん朝は昔からよく「俺はおやじに育ててもらったんじゃなくて、おふくろに育ててもらったんだ」って言ってたんですが、このとき、その言葉をあらためてかみしめていたと思いますよ。

お母さんが亡くなったときからお葬式が終わるまで、お父さんは一度も取り乱したり、涙を見せたりすることはありませんでした。そして、ほとんど口もきかないでいたわね。あたしはお父さんの胸の内を察することができたから、あえていつもと変わらない態度で接していたんです。お葬式の翌日も、普通に起きて、普通に朝食の支度をして、お父さんと二人で普段どおりにごはんを食べながら、テレビを見ていたの。そのとき、テレビから文楽さんが亡くなったってニュースが流れたんです。

そしたら……、お父さんが突然、声を上げて泣き出したの。

「みんな、先に逝っちゃった――」

文楽さんの死に、お母さんが死んでしまったってことが重なったんでしょう。それまで溜まりに溜まってた思いが、あふれ出ちゃったのよね。あたしと二人きりだったこともあって、もう見栄も何もないって感じで嗚咽を漏らして……。自分が一番頼りにしてたお母さんと親友をいっぺんに失ってしまったお父さんがかわいそうで、あたしも一緒になって泣きましたよ。お父さんの涙を見たのは、それが最初で最後でした。

最後のお酒

お母さんが亡くなったあと、お父さんは本当に穏やかで静かな老後を送りました。朝、八時か九時に目を覚まして、あたしと朝ごはんを食べたあとは、テレビを見たり本を読んだりという毎日でした。ただ、口数は少なくなったわね。もともと、おしゃべりなほうではなかったけれど、お母さんが死んでからは、いっそう無口になったと思います。今まではテレビを見ながら、くだらない駄洒落を言ったりしてたのに、そういうこともなくなったの。そんなんで一日過ごして、夕ごはんをお酒を一杯やりながら食べて、九時くらいになると寝しなにまた、「酒、一杯くれ」っってね。

お酒はずっと飲んでましたよ。でも、やっぱり体に障《さわ》るから、できるだけ控えさせたかったんだけど、お父さんが聞くわけありません。なにせ危篤《きとく》状態になった翌日、開口一番「酒くれ」って言う人なんですから。それであたし、お酒を水で薄めて、お父さんに出してたんです。脳出血で倒れて二、三か月してからずっとね。コップ一杯のお酒のうち、三割くらい水を入れてたのよ。そうすると、お父さんが言うわけ。

「近ごろの酒は水っぽくなったなぁ」

って。あたしはしらばっくれて、「そう？　やっぱり時代が悪くなったのかねぇ、昔と違って」なんて答えるんです。お父さん、首をひねりながらも黙って飲んでたの。だけど、やっぱり変だと思うのね。

「やっぱり、どうも水っぽいよ」

でも、あたしも負けてない。

「ああ、それは今まで特級酒だったのを一級酒にしたからよ。ほら、特級じゃ濃くて体によくないからさ。だから薄めなんじゃない？」

とかなんとか言っちゃって。

お父さん、「ふうん」かなんか言ってたけど、半分くらい疑ってたかもしれないわね。

そうして十年以上、薄めたお酒を飲んでたの。

お母さんが亡くなった二年後の九月二十日。その晩も、お父さんの好きな親子丼を夕飯に食べたあと、いつものように「おい、酒くれ」って言ったんです。あたしもいつものように水で薄めたお酒を出そうとして、ふと手が止まったの。なんて言うのか、「もうそんなに長く生きてられないんだから、ちゃんとしたお酒を飲ませてあげないとかわいそうだな」って思ったんですよ。そんなこと思ったのは初めてだったわね。

それで吸い飲みに七分目か八分目ほど日本酒を入れて、「あんまり飲むと、胸焼けして大変だよ」って言ったら、

「うん、いいよ、いいよ。胸焼けしたって、胃散飲みゃあいいんだから。なんでもいいや」

そして、きれいに全部飲んで言ったの。

「旨いなあ、酒はやっぱり旨いよ」

それが本当に嬉しそうでね。思わず、「そう？　おいしくてよかったねぇ」なんてあたしが言うと、

「うん」

ってお父さんも答えて。

それからお父さんは床に入って、わりあいと早く寝入っちゃったんです。で、あたし、裏にある馬生の家に行ったのよ。お父さんの世話でずっと家ん中にいたでしょ。やっぱり、退屈もするんですよ。だから、たまには馬生やお嫁さんとおしゃべりでもしたいなぁと思って、

「父ちゃん、よく寝てるから、一時間くらいなら大丈夫だろう」と出かけたんです。

それで小一時間ほどして戻ると、お父さんの浴衣の襟《えり》のところに茶色いものがくっついてたのね。「これは吐いたんだな、やっぱり生のお酒を飲まして悪かったかな」

とか思いながら、浴衣を着替えさせたんです。その間もお父さんはすやすやと寝息を立てていました。着替えをすませたあと、あたしも隣りの布団に入ったの。

翌朝、目を覚ましたあたしは、お父さんが寝てるのを確認して、いつもどおりに掃除をしてからお茶を飲んでたんです。新聞を見ながら、奥で寝てるお父さんに向かって「朝ごはんは何にする？」と聞いたんだけど、返事がない。よく寝てるなと思いつつ、先におしめだけでも替えようとして、「あれ？」って思った。体がどことなく冷たい感じがするのよ。「父ちゃん」って声かけて、体を揺すっても何の反応もないの。もうお母さんのときとまるで同じなんです。そしてお父さんも、そのまま二度と目を覚ますことはありませんでした。享年八十三。好きに生きて、みなさんに愛されて、本当にいい人生だったと思いますよ、あたし。

お葬式には、噺家仲間をはじめ、芸能界の方、お父さんを贔屓にしてくれていた政財界のお歴々、町内の方、そしてファンの方たちと、本当にたくさんの人がお別れを言いにきてくれました。ウチの前の通りは弔問客でいっぱいになってたし、献花もウチの前からお父さんがこよなく愛した銭湯『世界湯』がある通りまでズラッと並んだんですよ。

そういえば、お葬式の後に萬屋錦之介《よろずやきんのすけ》さんが一人でお線香を上げに来てくれたの。「お葬式は仕事で地方に行っていて、どうしても伺えなかったので、今日、お線香を上げさせていただきたい」って。あの大スターがお父さんのために、お供も連れず来るなんてびっくりしましたよ。お父さんの死亡記事を各新聞とも一面に載せてたのにも驚きましたね。普通は社会面に載るものでしょ。ましてや芸人なんだもの。あたしの友だちも「あなたのお父さんはたいした人ね」って言ってましたね。古今亭志ん生が世間でいくら「天才」とか「名人」と言われていても、あたしにとっては、ずっと〝ただのお父さん〟でしかなかった。でも、亡くなって初めて、これだけ多くの人に愛されたすごい人だったんだなぁって思いましたよ。

あたし自身は、お父さんが死んで寂しくはあったものの、さほど悲しみは感じませんでしたね。ずっとそばにいて、特別親子の会話なんてもんを交わすことはなかったけれど、会話を超えた濃い時間を一緒に過ごしてきたんですもの。お父さんとの一日一日の中で、なんとなくお別れが近づいてきてるのがわかるものなんですよ、家族って。何より、お母さんと同じく少しも苦しまないで逝けたことで、あたしは満足していたの。

たぶんお父さん、お母さんに会いたくなっちゃったのよ。だってもう昔っから、お母さんがそばにいないとだめでしたから。仕事から帰って、お母さんの姿がないと「どこ行った、どこ行った」って、そりゃ大騒ぎしたもんなの。きっと天国でお母さんと会って、「今まで、どこ行ってやがったんだ」なんて、ぶつぶつ言ったんじゃないでしょうか。

第五章　おしまいの噺

お母さんの形見分け

お父さんが亡くなったあと、二十年以上住んでいた日暮里の家を壊し、馬生がそこの前に新居を建ててくれました。そのときにあの子が、

「姉ちゃん、二階に姉ちゃんの部屋をこしらえたから一緒に住もう。本当は名義を姉ちゃんと俺の二人名前にしたいんだけど、そうすっと姉ちゃんに税金の負担がかかるだろ。だから俺の名前にして税金もみんな俺が払うから。姉ちゃんは何の心配もしないで、死ぬまでここにいればいいんだよ」

って、言ってくれたんです。馬生は子どものころから優しい子でしたからね。一生、あたしの面倒を見て、死に水も取るつもりでいてくれたんですよ。志ん朝にしても、結婚してからも両親とあたしのための生活費を毎月、毎月送ってくれてたし。本当、あたしは兄弟に恵まれたって思うんです。

でも、弟たちの厚意《こうい》に甘えてばかりもいられません。あたしはそのときまだ五十歳で体も丈夫でしたし、自分の食べる分くらいは自力で稼ごうと、またお勤めに出ることにしたんです。こんなことをお話しすると、不思議に思う方もいらっしゃるでしょうね。後年、あれだけ売れっ子になった志ん生なんだから相当の財産を残したはずだろうって。ところが、お父さんが亡くなったとき、家にはほとんど何も残ってなかったんですよ。

おそらく、お母さんが人のために使ったんだと思うの。自分のものを買ったり何だりするよりも、まず先に人のために何かしてあげたいと思う人でしたからね。お母さんが亡くなったとき、あたしびっくりしたんですよ。形見分けをしようとしても、それらしいものがないんですもの。結局、あたしが着物一枚、妹が二、三枚もらっただけなんです。でも、これもお母さんらしいなぁって思いましたけれどね。

もっとも、あたしだって、もしお金がいっぱいあっても使い方がわからなかったと思いますよ。なにせ子どものころからずっと貧乏暮らしをしてきたんだもの、かえって面食らっちゃったでしょうね。だから、働きに出るのはちっとも苦じゃありませんでした。何より弟たちに迷惑をかけたくなかったしね。

また働きに出る

あたしはマネキンの仕事を始めました。マネキンってね、百貨店とかに派遣《はけん》されて商品を売る仕事なの。妹もそのころ旦那さんが亡くなって、やはりマネキンをしていたのね。その紹介で、あたしもマネキンクラブに入会したんです。最初は浅草の松屋で貴金属を売ったわね。貴金属といっても、そんなに高いものじゃなくて、水晶とかダイヤモンドといってもごく小さいものとかでした。そりゃもう必死で仕事しましたよ。これまでに勤めた貯金局やニッポン放送でももちろん懸命に働いたけれど、あのときとはやっぱり訳が違います。今度は生活がかかってるんですもの。

三年ほどして、登録してたマネキン会社から琥珀《こはく》の販売を紹介してもらいました。当時の日本ではまだ琥珀が珍しくて、ものすごく売れたのよ。それで全国の百貨店で琥珀の催事があると、出かけて行くんです。最初に行ったのは、宇都宮にある百貨店でした。そんときは前にあたしが貴金属を売ってたこともあって、貴金属の担当をしたの。

そこであたしの働きぶりを見た会社の催事担当の女性に、「美濃部さん、今度から琥珀の販売もお願いね」って言われましてね。それからは琥珀を専門に販売するようになったの。大手の百貨店が年に一回、各支店で大きな催事をするときに派遣されて、北海道にも行ったんですよ。

琥珀を売っていたのは五年ほどだったかしらね。勤続五年の表彰をいただいたときの写真がウチにあるのよ。このあいだ、久しぶりに見て笑っちゃったわ。着物を着たあたしに社長さんが賞状をくださってるとこの写真なんだけど、もらってるあたしより、社長さんのほうが頭を深々と下げてんだもの。「これじゃ、あたしが表彰してるみたいじゃない。どうしてあたしはもっと頭を下げられないのかしらねぇ」と思って。なんだか照れくさかったのよ。こういうとこ、お父さんに似てるのかもしれないわね。

でも、本当にいい会社だった。百貨店の催事があるたびに、あたしに声をかけてくれてね。お返しの気持ちもあって、あたしも精いっぱい売りましたよ。当時、一緒に勤めてた女性でやっぱり販売成績のいい人がいて、彼女といつも組んで派遣されてたの。二人で行くと売り上げが上がるというのもあって、会社も声かけてくれたみたいなんですけどね。

だけど、いつの時代もそうですが、流行ってそう長くは続かないものでしょ？　ごたぶんに漏れず、琥珀もだんだん売れなくなってきちゃったんです。そうすると、あたしは申し訳なくなっちゃうの。「全然売れないのに、お給料をもらうのは心苦しいわ」って。気が小さいんですよ、お父さんと同じで。

一緒に売ってた女性なんかは、一人でお子さんを育てていたから、何がなんでも働かなきゃいけない。それで琥珀販売から草履《ぞうり》とかハンドバッグとかに商品を替えてがんばってましたよ。でも、もともと不器用なあたしは、また一から新しいことを覚えていう自信もなくってねぇ。結局、マネキンの仕事は辞めてしまったんです。

さあ、このあと、どうしようかと思っていたころ、お父さんの高座を収めたレコードやテープなんかが発売されて、そのお金が多少なりとも入るようになったの。何より馬生が建ててくれた家があったから住むところにも困らない。だから、あたしはそのまま家で静かに暮らすようになったんです。

馬生との暮らし

お父さんの印税が入るようになったときも、馬生は「俺たちは財産なんかいらないから、入ったお金は姉ちゃんが使えばいいんだよ」と言ってくれたんですよ。あたしは「そうかい、ありがとね」って、素直に受け取ったの。それが子ども時代に馬生の世話をしてきたあたしへの、あの子なりの感謝の気持ちだったと思うんですよ。もちろん、あたしは感謝してもらおうとして、そうしてきたわけじゃありませんよ。お姉ちゃんが下の子の面倒を見るのはあたりまえのことだったんですからね。そういう意味では、馬生としても、ごく自然に「今度は俺が姉ちゃんの面倒を見る」と思ってくれたんじゃないでしょうか。昔っから助け合って、それこそ一つのお菓子を分け合ってきた兄弟ですもの。やっぱり、絆も深かったのよね。

馬生はあたしだけじゃなく、お嫁さんや三人の娘も本当に大事にしていました。馬生のお嫁さんのはるちゃんとは、あの子が稽古に行ってた踊りのお師匠さんとこで知り合って結婚したんですが、二人は本当に仲がよくてね。馬生が仕事から帰ってくると、お酒を飲みながら、はるちゃんにその日あったことなんかをいろいろ話してました。それこそ明け方の三時、四時くらいまで毎晩のようにね。馬生のお酒の飲み方はお父さんと正反対なんですよ。お父さんがコップ一杯のお酒をキュッと飲んじゃうのに比べて、あの子は一杯をちびちびと時間をかけて飲むの。お父さんが元気だったとき、馬生の飲み方を見て、イライラしちゃって「早く飲め！」なんて言ったことがあったわねぇ。そしたらあの子、「いいじゃないか、酒ぐらい自分の勝手に飲ませてくれよ」って、よく喧嘩《けんか》してましたっけ。そんなんで長い時間、はるちゃんと飲んでるじゃない。酔ってくると、同じ話の繰り返しになったりするんですよ。でも、はるちゃんは馬生が何度同じことを言っても、そのつど初めて聞いたかのようにして付き合ってあげてたの。はるちゃんも優しい人なのよね。

馬生は娘たちのことも、うんとかわいがってました。一番下の子が一つか二つくらいのときに、股関節脱臼になっちゃったことがあるの。上野の有名な接骨院で治療してたんだけど、腕が一流なだけに治療費も高かった。でも、娘に後遺症が残ったらいけない。そのためには一流のところに行かせなきゃと通わせてたの。当時の馬生んちはまだ生活が苦しかったから、治療費を工面するのは大変だったでしょう。それでも娘の将来には代えられないと思ったのね。結局、毎日治療に通わせて、馬生はすっからかんになっちゃった。でも、おかげで末娘はきちんと治って、後遺症も残らなかったのよ。

馬生の旅立ち

それだけ家族思いで優しい馬生が、まさかあんな病気になるとは思いもよりませんでした。あたしがお勤めを辞めて家にいるようになったころ、馬生の体に変調があったの。「どうも食べ物がのみ込みにくくなったし、食欲もない」と言うんです。で、昔から知っているお医者さんに診てもらったら、食道ガンだとわかって……。そんときはもう、かなり進行していたみたいなのね。先生が「放射線治療をしましょう」って言ったんだけど、馬生は、

「そんなことして喋れなくなったらどうすんだ。俺は噺家なんだから、声が出なくなったら生きていても張り合いがないから治療はしない」

と、拒否しちゃったんです。あの子も根っからの噺家なんですよ。結局、もう治療はせず自宅で痛みを柔らげるだけになったんですが、病状は進むし、高座に上がることはできなくなってしまいました。

だからといって、馬生自身はもちろん、あたしたち家族も、暗く悲しい日々を過ご

したわけじゃないんですよ。テレビを見てる馬生の周りで、あたしやあの子のお弟子さんがくだらないおしゃべりするのを楽しそうに聞いてました。お嫁に行った娘たちも時折顔を見せに来ましたよ。誰も馬生を病人扱いしなかったし、あの子も暗い顔なんかいっさいしなかった。寝込むこともなかったですしね。本当にごく普通に和やかな時を送っていたんです。

そうした日々の中でも、あの子の傍らにはいつもお酒がありました。さすがにたくさん飲むことはできなかったけれど、口が渇くとお酒で湿らせてたの。やっぱり、お父さんと一緒でお酒が好きなのよね。楽しいこと、嬉しいことがあると、決まってお酒。雪が降ったのがうれしくて飲んじゃったこともあるくらいですから。

最期の晩もそうでした。あの日、馬生は朝から体調がよかったようだったの。それで、あの子が、「今日は寿司でも食べに行こうか」って言い出したんです。浅草に馴《な》染《じ》みの店があったんで、そこに行こうって。でも、いくら体調がいいったって、病人だもの、浅草まで行くのは大変でしょう？　まして行ったところで、もうそれほど食べられないんだもの。だからはるちゃんが機転を利かせて「今日はね、あのお寿司屋さんお休みなのよ。だからいつもの魚屋さんで中トロ取って、家で一杯飲んだらいいんじゃない？」って、馬生に話したの。あの子も「そうか。じゃ、そうしよう」って。それで魚屋さんに中トロのお刺身を持ってきてもらってね。お盆にお酒と一緒に乗せて馬生の寝床に持って行ったの。あの子、布団の上に座って、お刺身食べながらコップに半分注いだお酒に口をつけて、こう言ったんです。

「うん、旨いよ。やっぱり刺身がいいと、酒も旨いねぇ」

って。全部きれいに食べて、最後にもう一口お酒を飲んだあと、しみじみと、

「ああ、旨かったなあ」って。

そんときはあたし、気づかなかったんだけど、この言葉って、お父さんが最期に言ったのと同じだったんですよねぇ。

刺身を平らげた馬生は横になりました。すぐに寝入ったようでしたが、お父さんやお母さんのときと同じで「何かおかしいな」って感じたの。本当に不思議なもので、血を分けた家族にはわかるんですよ。ただ寝てるのとは違うってことがね。急いではるちゃんを呼んで、はるちゃんが馬生の枕元で声をかけたんですが、そのままスーッと、本当に眠るようにスーッと逝ってしまった。昭和五十七年九月十三日、五十四歳という若さでした。


メザシにも……

思えば、あの子はたくさんの苦労をしてきました。貧乏な盛りで生まれ育ち、戦時中に噺家になったときにも大変な思いをしました。戦後だって、お父さんが満州から

帰らないことでつらい目に遭ったりと、本当に苦労の連続だった。真打に昇進してからも、父の志ん生と較べられて、悩むことも多かったと思います。馬生は真面目にきっちりとした噺をする芸人でしたが、いわゆるお父さんのような華や自由奔放さはなかったのね。自分でもそれは気づいていたんでしょう。お父さんとは違う道、たとえば文楽さんや円生さんなどの噺をじっくりと聞かせる噺家を目指して、こつこつと努力してきたんですよ。

それに、あの子は勉強家でね。文献もいっぱい読んで、江戸時代の町の佇まいや地理はどうなってたか、当時の人たちの暮らしぶりはどんなものだったかまで調べてたんですよ。噺に関する知識はお父さんを超えてたかもしれませんね。そこに加えて、あの子の生い立ちから身についた忍耐強さ、そして人への優しさといったものが噺にもにじみ出ていたの。人情噺をさせると、馬生の人柄が本当によく伝わってきましたよ。だから、あの子には「馬生の噺をじっくり聞きたい」というお客さんがちゃんとついてたんです。パッと盛り上がるという人気ではなかったかもしれませんが、じわじわと広がっていく感じでしたね。

そういえば、馬生のお弟子さんからこんな話を聞いたことがあります。以前、あの子が楽屋でお客さんに色紙を頼まれたんですって。ところがそのとき楽屋に置いてあった筆がボロボロだったらしいの。前座さんがちゃんと手入れをしてなくて、墨で筆先が固まっちゃったりして書きにくかったらしいんです。ところが馬生はそんな筆でも、色紙にすーっとメザシの絵と自分の名を描いたというの。馬生は昔から絵も字も上手でしたからね。

そして、その絵に添えた言葉が「メザシにも鯛に勝れる味があり」だったそうです。きっと自分の芸風をしっかりとものにした自信の表われだったんじゃないでしょうか。だからこそ、あまりにも若すぎる死が残念でなりません。もっと長生きできたら、芸に渋みが増して、お父さんとはまた違った味が出てきたと思うんです。そして、何より家族思いの優しい弟を失った寂しさも、あたしの心に残りました。

志ん朝との暮らし

馬生が亡くなったあと、あの子が建ててくれた家を売って、しばらくはるちゃんと二人で暮らしていました。でも、はるちゃんが娘と同居することになったんです。ちょうどそのころ、志ん朝が、

「今度、俺んちを建て直すことになったんだよ。姉ちゃんの部屋もちゃんと作るから、俺んとこにおいでよ」

と言ってくれたの。新宿の矢来町にある家なんですけど、その二階に、部屋が二つで台所が続いてる居間がある……今風にいうと2ＬＤＫってことかしら、そこをあた

しに使わせてくれたんです。嬉しかったわねえ。お坊ちゃんで、のほほんと育った末っ子でしょ。結婚したあと、両親とあたしに仕送りをする優しさはあったけど、実家にはあまり顔を出さなかったのよ。

まあとにかく忙しかったし、馬生がそばにいる安心感もあったんでしょうけどね。それに志ん朝もお父さんに似て、恥ずかしがりやでぶっきらぼうなところがあったから、家族を思う気持ちは人一倍あっても、あえて態度や言葉に表わすのは苦手だったと思うんです。そんなあの子が「一緒に住もう」って言ってくれたんですから。「もう自分しか姉ちゃんの面倒を見る人間がいないんだ」って考えてくれたんでしょう。その心遣いが何よりありがたかったの。

志ん朝と、ひとつ屋根の下で暮らしていたとき、本当に感心したことがありました。当時すでに名人と言われていた志ん朝ですが、それでもあの子は毎日しっかり稽古をしていたんですよ。自分の部屋で座布団にきちんと正座して、声もちゃんと張って喋るの。まるでここが高座の上であるかのような声調でね。あとはお父さんや文楽さんなど大看板のテープを聞いて、また稽古をする。あたしはじゃまをしちゃいけないから、稽古中はあの子の部屋に近寄りませんでした。そして、かすかに漏れてくる声を聞きながら、「これだけ売れても稽古を忘れないんだもの、あの子が上手くなるのもあたりまえだなぁ」と思いましたよ。

志ん朝も、早くから売れていたとはいえ、馬生同様、「志ん生の息子」という境遇にとまどったり反発することもあったでしょうよ。噺家の二世で初めて前座修業から始めたり、早過ぎる真打昇進を渋ったのも、親の七光で特別扱いされたくないからでした。あの子はいついかなるときも特別扱いされることを、とっても嫌ってたんですよ。それは落語界以外でも同じでしたね。たとえばホテルやレストランを予約するときも、必ず「美濃部強次」と本名を名乗っていたの。ほかの人に「志ん朝の名を出せば、便宜《べんぎ》をはかってもらえるのに」と言われても、「俺はそれが嫌なんだ」って。

こんなこともあったわねぇ。あるとき、レストランにいつものように本名で予約の電話をかけたら「満席です」と言われたらしいの。しばらくして、たまたま同じレストランに志ん朝が行って「実はこのあいだ予約の電話したんだけど、そんときは一杯だったんだよ」って、店の人に話したそうなんです。そしたら店の人が、言ったのね。

「師匠のご予約があったとは聞いてませんが」
「いやいや、電話したんですよ、本名でだけど」
「本名では……。芸名でおっしゃっていただければ、なんとかいたしましたのに」

店の人のそのせりふ聞いて、志ん朝、カーッとなっちゃったのよ。「お宅では人によって、そういうふうに区別するんですか！」って。そういうことが我慢できない子だったのよ。

だもの、こと噺については「志ん生の息子だから」なんて言われないよう、実力をつけてやると思ってたんじゃないかしら。いえ、このころになると、もはやお父さんだけじゃない、どの噺家より上手くなりたいとの気持ちもあったでしょう。あの子も落語が本当に好きだったんですもの。

そんなあの子の成長ぶりを間近で見られたのも一緒に暮らしたおかげ。けれど、あたしはだんだん元住んでた日暮里に帰りたくなっていたの。志ん朝んとこはみな忙しくしてて、なかなか顔を合わせたり話をすることもなくってね。近所に友だちがいるわけじゃないし、寂しかったんですよ。

日暮里なら長らく住んでたから、周りに知人も友人もいるしってんで、ある日、決心して志ん朝に「本当にすまないんだけど、姉ちゃん日暮里に戻りたいのよ」ってうちあけたの。そしたらあの子も「そうだろうな」って。志ん朝も自分がなかなかそばにいてあげることができないとわかってたから、だったらあたしの思うとおりにと賛成してくれたんですね。それから知り合いの不動産屋さんに相談して「谷中神社の裏手にいい物件がありますよ」と言われて引っ越したのが、今あたしが住んでる家です。

今んとこに引っ越して、どれくらいたったころかしら。突然、懐かしい人があたしを訪ねて来たんです。誰って？　それが元の旦那さんなのよ。彼とはあたしが婚家を飛び出して以来、会ってなかったんだもの、そりゃあ、びっくりしましたよ。で、近くの喫茶店へ行ったんだけど、何か用事があるというわけでもないようなのよ。あたしもあれこれ詮索《せんさく》するつもりもなかったから、二人でどうとでもない世間話をしたの。あたしはコーヒーを飲んで、彼はオムライスを食べながらね。二十数年ぶりに会ったわけだけど、なんだか不思議な気持ちでしたよ。あちらはあたしと別れた後、再婚して息子もいたのね。その息子さんもとうに成人したって聞いて、二人が結婚していたことなんて、本当にはるか昔の話だなあとしみじみ思いました。

その後も、彼から十日にいっぺんくらいは電話がかかってきたの。で、喫茶店に行ってお茶を飲んで世間話をしてたんですが、突然、ぷっつりと連絡が途絶えたんです。どうしたのかなあと気にしていたところに、彼が病気で亡くなったと共通の知人から連絡がありました。そういえば、最初に再会したときも、なんとなく顔色がすぐれなかったのよね。

訃報《ふほう》を聞いたとき、あたしは「ああ、これで本当にあの人との縁が切れたんだな」って思いました。悲しいというより、長わずらいしなかったと聞いて、よかったという気持ちのほうが強かったわね。いろいろあったけれど、彼も決して悪い人じゃなかった。ただ、あたしとは縁がなかったってことなんでしょうね。

妹のこと

そして、あたしが七十六歳のとき、一つ下の妹、喜美子が亡くなりました。妹は晩年、梅島（東京都足立区）ってとこで一人暮らしをしていた時期があったんですよ。旦那さんが亡くなったあと、息子が結婚して地方に住むことになってね。そのあたりから妹は少し痴呆《ちほう》が始まって、あたし、心配で心配で、あの子んちで一緒に住んでたこともあったんです。

妹はとんかつとコーヒーが好きだったから、近所のおいしいトンカツ屋さんに連れてって食事をして、そのあとに喫茶店でコーヒーを飲んで。まるで子どものころに戻ったみたいでしたよ。ちっちゃい手であたしの着物の袖引っ張って「姉ちゃん、どこ行くの」と言ってたあの子の顔を思い出したりしてね。

それからほどなくして、甥っ子が妹を呼び寄せたんです。あたしは甥っ子に「頼むからね。最期まで面倒見てあげてね」と言って、妹を送り出しました。それからはめったに会えなくなったわね。妹が移り住んだ甥っ子の家は、ある地方都市でね。東京から遠いのと、最寄りの駅からも車で行ったところにあったので、車の苦手なあたしは行きたくても行けなかったんですよ。だから結局、あの子の死に目にも会えなかったし、お葬式にも行けなかったの。でも、お葬式には志ん朝がちゃんと行ってくれた。

大きな献花も贈ってくれてね。

それから妹が弟子入りしていた踊りの家元もお花をくださったの。直接のお師匠さんはもう亡くなっていて、そのお子さんが今の家元だったのね。その方は、喜美子が弟子入りしたときはまだ幼稚園に通ってたんですが、そのときから妹がお世話していたようで、家元も「喜美ちゃん、喜美ちゃん」って、いくつになっても慕《した》ってくださったの。だから、その家元と志ん朝、本当に欲しい人からのお花をもらって、妹は心から喜んだと思います。あたしもこの手で送ってあげることこそできませんでしたが、また一緒に暮らして世話ができてよかった。心残りはないんです。

こうしてあたしの身内はとうとう志ん朝だけになってしまいました。でも、お母さん、お父さん、馬生、喜美子とみんなを見送ることができたし、あとはあたしも志ん朝に迷惑をかけないよう逝くだけ――。そう、思っていたんです。

ひょっこりと志ん朝が……

妹が亡くなった翌年、平成十三年の初夏だったかしらね。志ん朝がふらりとあたしの家にやって来たんです。ウチの近所に、あの子が結婚する前から通ってた床屋があるのよ。お父さんもその店の常連だったんですが、もうほんと、あたしんちの目と鼻の先のとこなのね。なのに、志ん朝は床屋に来ても、あたしんちには一度も寄ったことがなかった。もちろん気にかけてはいてくれたのよ。あたしのために仕送りをしてくれたし、お正月にはお年玉もくれたりね。ありがたくって、未だに手をつけられないでいるんですけど。

でも、ほら、照れ性だから、いちいち「姉ちゃん、どうしてる？」なんて顔見せるのは、決まりが悪かったんだと思うの。なのに突然やって来たもんだから驚いたわよ。そんときは家の中を覗《のぞ》いて、「ふうん、こういう部屋なんだ」かなんか言って帰ったんです。

それからまたしばらくして、今度は床屋から電話がかかってきたの。「今、終わったよ」って。で、近所の蕎麦屋に行って、二人してお蕎麦を食べたんです。たいした話はしてないのよ。糖尿をわずらってるって聞いてたから「体には気をつけるんだよ」って言ったくらいだわね。そんなことが三度ほどあって、またぷっつりと来なくなったんです。気にはなったけれど、あたしも「あの子が元気でやってればいいや」くらいに考えてました。

ちょうどそのころ、浅草演芸ホールで志ん朝が座長を務める『住吉踊り』があって、毎年楽しみにしてたあたしも観に行ったんです。そしたら、あの子の声がなんだかおかしいのよ。普通に舞台で喋ってるんだけど張りがないというか……兄弟だとわかるんですね。どうにも気になったので、翌日、志ん朝に電話して「あんた、喋ってる声が苦しそうだから、あそこの一場面、抜いてもらったら？」と、言ったんです。あの子も「うん」とは答えてたけど、やっぱりそうはいかなかったようでね。それでしばらくして、ですよ。志ん朝のおかみさんから「大塚の癌研に入りました」って、連絡が来たのは。

志ん朝の最期

なんでも、ずっと体調が悪くて、矢来町の家の近くの病院に行ったら、先生に「ウチじゃ、とても無理です」と言われたって。すでにかなり悪くなってたんですね。おかみさんの話を聞いて、あたしは「志ん朝の具合がいいときに電話ちょうだい。お見舞いに行きたいから」って頼んだの。そして、その数日後に病院に行ったんです。

病室で見たあの子はとても調子がよさそうでね。ベッドの上にあぐらをかいて、お弟子さんと冗談を言い合ったりして。で、お弟子さんが刺身を買ってきてくれて、温めたパックのご飯と食べたとかで、「刺身とご飯、食べたんだ。おいしかったよ」なんて笑ってました。あたしも「よかったねえ。じゃ、また今度買ってきてもらうといいよ。病院のごはんよりおいしいもんね」と言ったら、「うん」って。本当、病に冒されてるなんて、嘘のように明るい顔してたんです。で、あたしはまたおかみさんに「体調のよさそうなときに、また連絡してね」と伝えて、病室を出ました。

それからしばらくして、おかみさんから「お姉さん、ちょっと伺ってもいいですか」って電話があって、あたしんちまで来たのよ。そのときに「ウチの人、実はもうだめなんです」と聞かされたんです。そして「『俺にもしものことがあったときは、姉ちゃんのこと頼むね』って、ウチの人が言ってました」って。今、思うと、志ん朝が突然、あたしを訪ねてきたのは、あの子に虫が知らせたのかもしれません。だってそのときは病気に気づいていなかったんですもの。

そして、自分が病に苦しんでるというのに、あたしの心配をしてくれた。ありがたいと思いましたよ。でも、同時に腹も立ったの。なんであの子がこんな目に遭うんだろう、どうして神様はあたしより先にあの子を連れて行くんだろうって。志ん朝には、家族もお弟子さんも仲間もいる。何よりあの子の芸を愛してくれる大勢のお客さんがいる。その人たちを残して逝かなきゃならないなんて、そんな馬鹿な話はないじゃないですか。

だけど、いくらあたしが嘆いたところで、運命は変えられるものじゃありませんでした。志ん朝の容態はその後、確実に悪くなっていきました。あの子もこのまま病院にじっとしているより、家に帰りたかったのね。ほどなくして退院し、家での看護が始まりました。お弟子さんが三人交代でつきっきり、昼も夜も看病してくれたんですよ。あたしもその中に加えてもらって、世話をしました。このころには、もう志ん朝は話ができなくなっていた。痛み止めを使っていたから、ずっと夢うつつの状態だったの。

　そして、退院から半月かひと月たった十月一日の朝。志ん朝のおかみさんから「お姉さん、すぐ来てっ。ウチの人の様子がおかしいの！」と、動揺した声で電話がかかってきたんです。ちょうど朝ごはんを食べていたあたしは、とるものもとりあえず家を飛び出しました。

　志ん朝の家に着いたとき、もう意識はなくなってました。それでも、お弟子さんたちが「師匠、お姉さんが来ましたよ、しっかりしてください」って、耳元で大きな声で呼んでね。眠らせるとそのまま逝っちゃうから、あたしが来るまで声をかけ続けてくれてたんですよ。枕元に駆け寄って「強次！」と呼んだんだけど、もう目が大きく見開いちゃってるの。正直、これはもうだめだなって思いました。それでも、あたしはもう一度、声をかけました。

「強次、姉ちゃんだよ、姉ちゃんだよ」

　そのとき、見開いていた目の玉がかすかに動いたような気がしたんです。あたしの声が聞こえてるんじゃないかと思ってね。

「まっすぐ父ちゃんと母ちゃんのとこへ行くんだよ、強次、わかったね、まっすぐ父ちゃんと母ちゃんのとこへ行くんだよっ」

二、三回、その言葉を繰り返すと、うーんっ、わかったーってゆっくりうなずいたように、あたしには見えました。そしてそのまま、あの子は逝ってしまいました。あたしが行ってから、ほんの五分もしないうちのことでした。

あたしは志ん朝に取りすがって泣くことはしませんでした。だって、あの子はちゃんとお父さんとお母さんが迎えに来て、連れて行ってくれたと思ったから。むしろ安心感すら覚えていたんです。

その晩のお通夜に真っ先に駆けつけてくれたのは、北大路《きたおおじ》欣也《きんや》さんでした。「惜しい人を亡くしました。残念です」って言って、お焼香をしてくれたんです。あたし、「ああ、強次はすごいなあ。北大路さんほどの人が、こんなに残念がってくれるなんて」と思いましたよ。その後に黒柳徹子さんがいらしてくれた。志ん朝が真打になる前にテレビの『若い季節』に出演したのは、黒柳さんの後押しがあったからなの。プロデューサーに「噺家ですごくいい男がいるから、一度会ってみて」と、売り込んでくれて。それからも志ん朝をかわいがってくれてたようですね。ほかにも各界の錚々《そうそう》たる方々がお線香を上げにきてくれました。

そんな中で、あたしが今でも心から感謝しているのが、(林家)三平さんの娘のみどりさんなの。志ん朝の死化粧をしてくれたのは、みどりさんなんですよ。お通夜に来てくれたんだけど、そのときまだ死化粧をしてなかったの。誰もやり方がわからないのよ。そしたらみどりさんが「じゃ、私がします。今、お化粧道具を持ってくるから待っててくださいね」って。志ん朝んちのすぐそばに峰（竜太）さんの家がありましたからね。

で、お化粧を施してくれたんだけど、それがまあ本当にきれいにしてくれたんですよ。まるで芝居の役者みたいでね、死んでるなんて思えないくらいだった。だからあたし、お別れに来た人みんなに「いい顔をしているから、ぜひ志ん朝の顔を見てってください」って言ったくらいだもの。

護国寺で行なわれた告別式にも、お父さんに負けないくらい大勢の方が来てくださいました。式が終わって、霊柩車が会場を出るとき、ファンの人たちが道に並んでてね。「矢来町！」「どうもありがとうー」って声をかけて、あの子を見送ってくれたんです。志ん朝もその声を聞いて、どれだけ喜んだことでしょうね。

陰膳をあげて

志ん朝を亡くして、あたしはしばらく魂が抜けたかのような毎日を送っていました。ほかの家族を送ったときもそうでしたが、お葬式のあわただしさがひと段落すると、少しずつ寂しさが募ってくるものなんですよ。

そんなあたしを友だちが気遣ってくれてね。元気づけようと、有名な鰻屋さんに連れてってくれたんです。注文をするとき、あたしはうな重とお猪口《ちょこ》をひとつ多く頼んだの。店員さんに「お三人さんなのに、四ついるんですか？」と聞かれたんで、「ちょっと陰膳をしたいから」って言ってね。志ん朝に、と思ったんですよ。あの子にどうしてもうなぎを食べさせてあげたかったの。

あたし、志ん朝はうなぎが嫌いなんだと、ずっと思っていたんです。というのも、昔、家族でたまにうな丼を頼んで食べるとき、あの子だけは決して口にしなかったから。でも、実はそうじゃなかったのよ。志ん朝があるテレビ番組に出演したとき、司会者に「最期の晩餐《ばんさん》には、何を食べたいですか」と聞かれて、あの子、「うなぎが食べたい」って答えたの。それを見ていたあたしは、心底びっくりした。だって、うなぎ食べたことないじゃない。嫌いだったんじゃないの？ってね。

実は志ん朝、大好きなうなぎを芸のために断ってたんです。というのも、あの子の守り本尊が虚空蔵様でね。谷中に虚空蔵様を祭った小さいお寺があって、年初めや、ことあるごとに「芸が上達するように」と、熱心にお参りしてたんです。その虚空蔵様の使いがうなぎだったのよ。それで噺家になりたての十九や二十歳のころ、お母さんに、

「あんたのご本尊のお使いなんだから、うなぎを食べないほうがいいよ」

って言われたらしいのね。以来、四十年以上も好きなうなぎをいっさい口にしなか

ったというんです。それだけあの子は芸に身を捧げていたんでしょうね。

だから、亡くなった今なら、心おきなく食べられると思ったんです。志ん朝の分のうな重を前に置いて、お猪口にお酒を注いで、あたしは言いました。

「強次、大好きなうなぎだよ。本当は好きだったのに食べないで、ずっとがんばったんだね」「おいしい」って言ってくれてるかなと思うと、胸がいっぱいになりましたね。そしてあたしも、好きなうなぎを食べさせてあげられたことで、ようやくあの子との別れを実感できた気がしたんです。

とはいえ、古今亭志ん朝という噺家として考えると、いまだにその早過ぎる死が悔やまれてなりません。志ん朝が亡くなる半年前くらいだったでしょうか、あたしは一度、あの子に内緒で志ん朝の高座を見に寄席まで行ったことがあるんです。なぜかどうしてもあの子の噺が聞きたくなって、何十年かぶりに行ったのね。一番後ろの端っこの席に座ったんだけど、平日にもかかわらず、立ち見の人がたくさんいるのよ。で、あたしの後ろに立ってた人たちの会話が聞こえてくるんです。

「昨日も来たんですか」「ええ、もちろん」「昨日は何やりました？　あ、それはいいですねえ。私はあそこで『愛宕山』を聞きましたよ」「あっ、私も行きました」「今日は何をやるんでしょうね」「そう、楽しみなんですよ」

とかってね。それ聞いてて、「ああ、志ん朝にもお父さんのように、追っかけて聞いてくれるお客さんがいるんだな」と、嬉しかったわねえ。そのときは確か『富久』をやったんですけど、やっぱり上手くなったなあって、本当、聞いてよかったたって思いましたよ。

志ん朝の芸

志ん朝は高座に上がっただけで、その場がパッと明るくなる華がありましたよね。出囃子とともに出てくるときの姿、形もよかったの。これはもう天性のものですよ。お父さんの血を受け継いだんだと思いますね。でも、あの子のなかでは、お父さんの芸に対して思うところがあったようなんです。たとえば、お父さんが高座で本筋とは違った噺をしても、みんな「いいんだ、違っても。それが志ん生なんだから」なんて言ってたわけじゃないですか。お弟子さんたちもお父さんから教わったことが、ある意味正しいと思っちゃう。何しろ志ん生に心酔して門を叩いた人ばかりですからね。

だけど、志ん朝は同じ弟子であっても、「違うものは違う」という気持ちがあった。お父さんのやることをそのままやってはだめだってね。くすぐりなんかもそうです。お父さんのくすぐりを、ほかの人が真似しても面白いとは限らない。それはあくまでも志ん生の芸なんだからと。だから志ん朝は、自分のお弟子さんにも「師匠の何から何まで肯定しちゃいけない。ある意味、師匠に対して批判的な部分も持ってるようじゃないとだめだよ」って教えてたようですね。もっとも、それは志ん生の息子だったから言えたことでしょうね。あの子もそのへんはわかっていたと思いますよ。

そして、六代目志ん生の名を継ぐことについても、あの子なりの考えがあったようです。お父さんが亡くなる時点では、まったくその気はなかったんですよね。まず、志ん朝という名前に愛着があった。二つ目名前の志ん朝を自分であそこまで大きくしたんですもの、気持ちはわかります。それに志ん生を継いだ後の襲名披露やらが面倒だったのよ。なにせ不精なところのある子でしたからね。襲名に際して大勢の人に迷惑をかけて、その後頭が上がらないなんてことになるのも面倒だって。

でも、周囲はそうはいかないのよ。「だったら、誰が志ん生の名を継ぐんだ」って、言われちゃう。そしたらあの子、「じゃ、いっそ俺は志ん生の名前を売りたいよ」なんて冗談を飛ばして、怒られたらしいわよ。だったらと、志ん朝が「あの人に継いでもらったらどうですか?」「この人は?」と言っても、何だかんだ理由をつけられて「つまり、あなたが継ぐ以外にないんですよ」って。それでまた面倒くさがりの癖が出て、一時は「俺が継いじゃったほうが面倒がなくていいのかな」とか思ったらしいの。それと、志ん生を襲名したとなると、落語界が話題になっていいんじゃないかとも考えたみたいね。落語が下火になったときに、もってこいの話題提供になるだろうって。とどのつまりは、継げなきゃそれでもかまわないし、とくに継ぎたいとも思わないというのが、あの子の本音だったのね。

ただ、もっと若い時分には継ぐ気持ちがあったようなんですよ。というのは、年を取れば取っただけ、継いだあとの期間が短くなるってわけですよ。志ん生になったと思ったら、三年で亡くなりましたというんじゃ、もったいない。おまけに、また同じように「誰が志ん生を継ぐんだ」ってゴタゴタするくらいなら、早めに継いだほうがいいんじゃないかってね。でも、結局、志ん生の名を継ぐことはなかったわけです。

だけど、お父さんは志ん朝に六代目を継がせたいと思っていたの。あたしだけに話していたことがあるんですよ。

「志ん生の名前は、馬生じゃなくて必ず志ん朝に継がしてくれ」

って。お父さんも馬生の実力は認めていたものの、自分の芸風と違うので、継がせるのはやっぱり志ん朝にと思ったんでしょうね。晩年、お父さんがラジオから流れる自分の高座の喋りを聞いて、あたしに「おい、強次も上手くなったもんだなあ」って言ったことがあるの。あたし、「お父さん、それ、お父さんの声じゃない」って笑ったんですけどね。それだけお父さんからしたら、志ん朝の芸は自分に近いと感じてたんですよ。そんなお父さんの気持ちがわかったから、あたしも「大丈夫だよ、絶対に強次に継がせるからね」って、約束したの。でも、とうとうその約束を果たすことはできませんでした。

今になってみると、志ん朝だろうが志ん生だろうが、名前なんてどうでもいいって思うの。志ん朝という噺家がもっと長く高座に上がり続けられれば、それでよかった。あと十年もしたら、志ん朝はお父さんを超える噺家になっていたはずですもの。もともと噺がきっちりしているうえに、年を経るごとにお父さんのようないいフラが加わって、もっともっとよくなったに違いありません。だからあたし、志ん朝が死んで三年半経った今でも、できることならばあたしの十年をあの子にあげたかったと思ってるの。

芸人は死んじゃうと芸ごと持ってかれちゃうんですよ。それが悔しくて悲しくてしょうがない。死んだあとで「いい噺家だった」なんて思い出になったところで意味がない。どんだけ時を経てもたくさんの人に聞いてもらえて、なんぼなんですよ。だからこそ、志ん生にしろ馬生、志ん朝にしろ、落語界で昭和と平成の時代を彩った噺家の芸を、どんな形であれ残してゆくことが、家族であるあたしの務めだと思ってるんです。

あとがき

　これであたしの家族の話はおしまいです。

毎日、朝晩と、亡くなった家族の写真を並べた仏壇の前で拝むのが、今のあたしの日課になっています。お父さん、お母さん、喜美子、馬生、そして志ん朝の写真を眺めながら、家族で暮らした日々を思い返すこともあります。そんなとき、ふと、仏壇の仏様に目をやると、その表情がお母さんの顔とだぶって見えたりもするんですよ。お母さんは、あたしにとって本当に仏様のような存在でしたからね。

　早いもので最後の身内だった志ん朝が亡くなって、もう三年半が過ぎたんですねぇ。とうとうあたしは一人っきりになってしまいました。振り返ってみると、本当にいろいろなことがありました。貧しかったり、戦争があったりと苦しいことも多かったけれど、今となればみんないい思い出です。それに、こうしてあらためて家族の歴史に思いをはせてみると、普通の家庭に生まれ育っていたら体験のできない出来事もたくさんありましたしね。

あたしも今年で八十一歳、あと二年でお父さんが亡くなった年を超えるなんて嘘のようです。おそらく、あたしが家族についてお話しをするのは、これが最後でしょう。だからこの本を読んでくださったみなさんに、こんな家族があったということを覚えていていただけたら幸せです。

そして、何より最期まで芸に命をかけ、大勢のお客さんの心をとらえた三人の噺家の生き様とその芸を、いつまでも記憶に留めておいてもらえたらと願ってやみません。

年表

西暦	年号	美濃部美津子	古今亭志ん生	家族	住まい（美濃部家）	落語界・その他の事件
1924	大正13年	0歳　1月12日誕生	34歳		田端に住む	
1925	大正14年	1歳	35歳　小金井蘆風と改名、 講釈師に	10月7日 喜美子生まれる		ラジオ放送開始
1926	大正15年 昭和元年	2歳	36歳　馬生と改名 落語復帰 ぎん馬に改名 三五楼門下へ 柳家東三楼に改名		代々幡町大字笹塚へ	昭和と改元
1927	昭和2年	3歳	37歳　柳家甚語楼へ改名		代々幡町大字幡ヶ谷へ↓ 笹塚へ↓ 和田堀町方南へ	
1928	昭和3年	4歳	38歳	1月5日　清生まれる	本所区業平へ	第一回普通選挙施行
1929	昭和4年	5歳	39歳			
1930	昭和5年	6歳　業平尋常小学校入学	40歳　隅田川馬右に改名↓ すぐに甚語楼に戻る			
1931	昭和6年	7歳	41歳			満州事変
1932	昭和7年	8歳	42歳　志ん馬と改名			五・一五事件
1933	昭和8年	9歳	43歳			国連脱退

1934 昭和9年	10歳	44歳 馬生と改名			
1935 昭和10年	11歳	45歳			
1936 昭和11年	12歳 尋常小学校卒業	46歳		浅草区浅草永住町へ	二・二六事件
1937 昭和12年	13歳 東京高等家政女学校入学	47歳		本郷区駒込神明町へ	盧溝橋事件
1938 昭和13年	14歳 高等家政女学校卒業	48歳	3月10日 強次生まれる		
1939 昭和14年	15歳 狸穴町貯金局へ	49歳 志ん生と襲名			ノモンハン事件 第二次世界大戦勃発
1940 昭和15年	16歳 強次の世話のため辞職	50歳			大政翼賛会発足
1941 昭和16年	17歳	51歳 神田花月で独演会（毎月）			太平洋戦争 禁演落語五十三種が浅草本法寺はなし塚に葬られる
1942 昭和17年	18歳	52歳			
1943 昭和18年	19歳	53歳	清、入門		
1944 昭和19年	20歳	54歳			
1945 昭和20年	21歳	55歳 満州慰問興行 敗戦で帰国不能に		戦災 本郷区駒込動坂へ	太平洋戦争終結
1946 昭和21年	22歳	56歳			
1947 昭和22年	23歳 アメリカンスクールで給仕	57歳 帰国			

1948 昭和23年	24歳	58歳			
1949 昭和24年	25歳	59歳	清、馬生を襲名、真打に		
1950 昭和25年	26歳	60歳			
1951 昭和26年	27歳	61歳		荒川区日暮里へ	
1952 昭和27年	28歳	62歳			
1953 昭和28年	29歳	63歳 ラジオ東京専属に			テレビ放送始まる
1954 昭和29年	30歳 ニッポン放送入社	64歳 ニッポン放送専属に			
1955 昭和30年	31歳	65歳			
1956 昭和31年	32歳 退社、父の付き人になる	66歳『なめくじ艦隊』刊行。芸術祭賞受賞			東横落語会始まる
1957 昭和32年	33歳	67歳 落語協会会長に	強次、入門		
1958 昭和33年	34歳	68歳			
1959 昭和34年	35歳	69歳	強次、二つ目に昇進		伊勢湾台風
1960 昭和35年	36歳	70歳			
1961 昭和36年	37歳	71歳 脳出血で倒れる			
1962 昭和37年	38歳	72歳 退院、復帰	強次、志ん朝を襲名、真打に		
1963 昭和38年	39歳	73歳 落語協会会長辞任			
1964 昭和39年	40歳	74歳『びんぼう自慢』刊行			東京オリンピック開幕

		紫綬褒章受章			
1965 昭和40年	41歳	75歳			
1966 昭和41年	42歳	76歳 勲四等瑞宝章受章			
1967 昭和42年	43歳	77歳	りん、脳出血で倒れる		
1968 昭和43年	44歳 結婚	78歳 鈴本初席へ出演、以後寄席にでず。精進落語会が最後の高座に			
1969 昭和44年	45歳 離婚	79歳	強次、結婚		アポロ11号、月着陸
1970 昭和45年	46歳	80歳			大阪万博開催
1971 昭和46年	47歳	81歳	12月9日りん没、享年74		八代目桂文楽没 享年79
1972 昭和47年	48歳	82歳			
1973 昭和48年	49歳	83歳 9月21日没			
1974 昭和49年	50歳 馬生(清)と同居			日暮里の家を壊し、その前に馬生が新居を建てる	
1975 昭和50年	51歳				
1976 昭和51年	52歳				結城昌治『志ん生一代』『週刊朝日』連載開始
1977 昭和52年	53歳				

1978 昭和53年	54歳				落語協会分裂騒動
1979 昭和54年	55歳				
1980 昭和55年	56歳				モスクワ五輪ボイコット
1981 昭和56年	57歳				
1982 昭和57年	58歳		9月13日 清没、享年54		
1983 昭和58年	59歳				グリコ森永事件
1984 昭和59年	60歳 馬生夫人と同居				つくば科学博
1985 昭和60年	61歳				
1986 昭和61年	62歳				
1987 昭和62年	63歳 志ん朝（強次）と同居				
1988 昭和63年	64歳				
1989 昭和64年 平成1年	65歳				
1990 平成2年	66歳				
1991 平成3年	67歳				
1992 平成4年	68歳				
1993 平成5年	69歳				皇太子殿下成婚
1994 平成6年	70歳				

1995 平成7年	71歳				阪神淡路大震災
1996 平成8年	72歳				
1997 平成9年	73歳				
1998 平成10年	74歳				長野冬季オリンピック
1999 平成11年	75歳 日暮里へ				
2000 平成12年	76歳		10月31日 喜美子没、享年75		
2001 平成13年	77歳		10月1日 強次没、享年63		
2002 平成14年	78歳				
2003 平成15年	79歳				
2004 平成16年 ～	80歳				
2018 平成30年	94歳				

対談　古今亭にはかなわねぇ。

立川談志
美濃部美津子

志ん生に心酔し、馬生を尊敬し、そして志ん朝とは生涯のライバルであり、友であった談志。志ん生の長女として、三人を陰で支え続けた美濃部美津子。そんな二人が一家の内と外から語った、名人たちの秘話。

「談志君ね。俺はうまいね」「うまいんですよ、師匠」。

談志　中学生くらいの頃ね、新宿末広亭の夜の部で志ん生師匠が「らくだ」やったのを見たんですが、そのすげえのなんの。それまでは柳好師匠（春風亭・四代目）のファンであり、金馬師匠（三遊亭・三代目）のファンだったんだけど、それ見たら他の人はもう駄目。志ん生一本になっちゃった。

美濃部　私はね、お父さんの高座は心配しながら聞いているから、あまり中身のことは覚えていないんですよ。「らくだ」は可楽さん（三笑亭・八代目）が稽古に来てましたね。それからは、お父さんはあまり「らくだ」をやらなくなった。人に教えた噺はやらなくなるんですよ。

談志　それは、エチケットであると同時に余裕だな。志ん生師匠は、いくらでも噺を持っていましたものね。

　それで、その「らくだ」なんですが、噺のあたまでらくだというあだ名の男が死ぬでしょ。で、死体をらくだの兄貴分が見つけたときの台詞を、たいていの落語家は「おう、どした……。死んでやがんなこいつは」とやる。ところが志ん生師匠は「おう、なんだ。死んじゃったァ。起きろい」。リアリティから考えたら、死人に起きろなんてとても言えませんよ。そんなジョークにもならないことを見事にやる。これは誰にも真似できないと思ったね。

　それでも、売れない時期は長かったんでしょうな。お姉さんは、その貧乏の盛りを知っているわけですか。

美濃部　知ってますよ。お父さんは、売れないから寄席に出られないでしょう。出たって、もらえる額はたかが知れてるし、そのお金は自分で飲んできちゃう。だから、お母さんがお裁縫やクレヨンのペーパー巻きなどの内職をして、食いつないでいたんです。

談志　自分の子どもをひとり、文楽師匠（桂・八代目）の養子にしようとしたこともあったんですよね。

美濃部　次女の喜美子が五つくらいの時ですね。文楽さんのほうがいい生活していたから、自分の家にいるより幸せになれると思ったらしいの。でも、お父さんが喜美子を連れて、文楽さんが住んでいた上野に着いた瞬間に、彼女がワーワー泣き出しちゃって。そのまま家まで行かずに帰ってきたんです。

あの頃はね、一番のごちそうといえばコロッケ。「今日はコロッケね」ってお母さんが言うと、私たちが喜んでね。まだ志ん朝が生まれてなかったから、きょうだい三人で手をつないで、歌いながらお母さんと四人で買いに行くんですよ。あと、ハジパンっていう、食パンの耳ね。あれにお湯で溶かした砂糖をつけて食べるのがすごくおいしかった。

談志 やっぱりね、「日本の母ベストテン」なんてことをやったら、おりんさん（志ん生の妻）がトップですよ。

美濃部 私もね、自分の親ながら本当にそう思いますよ。お母さんがよく育ててくれたから、貧乏でも恥かいたことはなかったし、きょうだい喧嘩もなかった。親に怒られた記憶もないんです。

談志 売れてきてからの志ん生師匠はどうだったんですか。やっぱり大酒飲みだったの。

美濃部 お酒は好きでしたけど、それほど大酒飲みでもないですよ。家で飲む時は、冷やでコップ三杯くらい。つまみは豆とお刺身。

談志　家で、他の芸人の批判をすることはないんですか。

美濃部　しませんでした。楽屋の話は家では全然聞きませんでしたね。人の悪口は言わない人だし、社会の出来事にもあんまり興味持っていないというか、わからないみたい（笑）。

談志　じゃあ、趣味は将棋だけ？

美濃部　そう、将棋だけ（笑）。馬風師匠（鈴々舎・四代目）がよく将棋差しに来ていて。後になって、馬風師匠は私に「お前はな、子どもの頃、俺が膝に乗せてやったんだぞ」って言ってました。

談志　毎年暮れに落語協会の寄り合いがあって、幹部が挨拶をするんですよ。文楽師匠などは、ちゃんと話をするんですが、志ん生師匠は「え〜、将棋はいいよ。将棋はいいねェ」だって（笑）。なんだかわけがわからない。

色事のほうはどうだったんですか。

美濃部　あんまりなかったみたいよ。お金もないし、いい男じゃないんだから（笑）。着ているものだって、決していいものじゃないし。

談志　昔の写真にね、若くてやせていた志ん生師匠が出ていたんです。その横に落語評がついていて、「ガサガサしていて、ウケてはいるけれど、本格の芸とは思えない」って書いてあるんですよ。その頃の〝本格の芸〟ってのは、安藤鶴夫さんたちが言っていたようなものですけど。

美濃部　皆さん、さかんに文楽さんのことをほめていたでしょう？　文楽さんピシッとしていましたからね。

談志　楽屋でね、文楽師匠が椅子に座って志ん生師匠の高座を見ているんです。その姿には「悪いけど、俺のほうが上だ」という余裕が感じられたね。

　ある落語会で圓生師匠（三遊亭・六代目）が「包丁」だか「三十石」かを、それは見事にやったことがあるんですよ。で、次の出番が志ん生師匠。その時、志ん朝も一緒にいてね、圓生師匠の高座を見て心配になってきたらしいんだよね。「父ちゃん、大丈夫」って聞いた。そしたら「え〜」っていつもの調子で上がっていって、やったのが「富久」。これが、もう……。

　確かその時の「富久」を、テープに録音して志ん生師匠に聞かせたんです。そうしたら「う〜、談志君ね。俺はうまいね」「うまいんですよ、師匠」。

　つまりね、志ん生は〝おもしろいけどうまくない〟と言われていたことがあったけど、俺にしてみれば〝冗談じゃない〟と。

美濃部　なんだか、その時のお父さんの顔が目に浮かびます。

談志　志ん生師匠が売れるようになったきっかけはなんだったんだろうと考えると、ラジオかもしれませんね。落語の本質が一般大衆に伝わるようになってきた。志ん生師匠には、落語の本質というか、娯楽の本質があるんです。もっと言うと、落語という作品をやっているんじゃなく、人間を追求している。常に発見がありました。
美濃部　お父さんの落語って、本当にくだらないことも言ってるんだけど、なんかおかしいのよね。
談志　「二十の扉」というクイズ番組があったでしょう。答えが隠されていて、解答者が「それは植物ですか？」「日常生活で使うものですか？」などといろいろ質問をして、司会が「はい」「いいえ」と答える。それをヒントにして解答を出す、というものだったけど、その番組に志ん生師匠が出たんですよ。ところが、志ん生師匠の質問は「あー、それは卵の殻ですか？」「それは竜のヒゲですか？」（笑）。そんなんじゃ当たるわけがないんだ。ああいうのは意図的にやってるんですか？
美濃部　いや、本当にクイズのルールがわかってなかったんだと思う（笑）。そういう時はね、あまり怖がらないんですよ。また、お父さんを好きな人は、そのとぼけた具合を見ているのが、たまらなく好きだったんでしょうね。
談志　落語家が集まって川柳の会をやったときにね、みんなうまい川柳をつくってくるんだけど、志ん生師匠のはひどいんだ。「ふんどしでズボンを履くとコブができ」だって（笑）。
美濃部　ある意味、あの時代の奇人でしたよ。

談志 俺はね、馬生師匠には稽古をしてもらったけど、志ん生師匠にはないんですよ。稽古っていうのはね、内容ではなくルーツなんですよ。たとえば「火焰太鼓」をやるのであれば、それを持ちネタにしていた志ん生師匠に教わったという事実がなければできなかった。俺も「源平盛衰記」をやる時、自分のやり方とは全然違うんだけど、三平さん（林家）のところに行ってルーツをつけてもらってきましたよ。

美濃部 そうなのよね。今は、そういう稽古の仕方もなくなってきちゃっているみたいですけどね。

談志 でもね、志ん生師匠の稽古は、ある意味で危険。志ん馬（古今亭・六代目）がね、前座の時に志ん生師匠に稽古してもらったんですよ。それを志ん馬がやってるのを聞いてたら「ぅあ〜ぁ〜ぇ〜」って、何の落語だかわかりゃしない（笑）。ちゃんと、柳枝師匠とか基礎がきっちりしている人に教わってから、志ん生師匠のところに行くならともかく、いきなり志ん生師匠に稽古してもらったら、えらい目にあうよ（笑）。

美濃部 やっぱり、稽古する人と聞く人って別なんでしょう。志ん朝だって稽古は文楽師匠や林家（正蔵・六代目）に行っていたしね。

馬生、志ん朝。名人の息子に生まれた明と暗。

談志 昭和二十年に、志ん生師匠は慰問で満州に行きましたよね。あれも仕事がないから行ったんですか。俺は、師匠がずぼらだから、家族の面倒を見るのが面倒くさくなって逃げたんじゃないかと思ってんだけど（笑）。

美濃部　本当はね、たいして行きたくはなかったと思うんですよ。ただ、空襲で本所一帯が丸焼けになった話を聞いてから、すごく臆病になっちゃってね。空襲警報が鳴ると一目散に逃げ出しちゃうの。

談志　自分だけ逃げちゃって家族のことは考えないんですか。

美濃部　考えないの（笑）。戦争中は駒込の神明町に住んでいたんですが、ある時、遠くの空が燃えて赤くなっているのが見えた。昼間ですよ。そしたら「大変だ！　あれがどんどん来ちゃって火の海になる前に早く逃げなきゃ」って大騒ぎ。焼けているのははるか向こうなのに。それで、縁側に置いてあった空っぽのヤカンを持って、とっととっとと駆け出してっちゃった（笑）。仕方がないから「お父さんが迷子になっちゃう」ってみんなで追いかけてね。

そんなんじゃ困るでしょう。だから、東京にいてもお酒もないし、満州に行ってるうちに戦争も収まるだろうから、一ヵ月くらいなら行ってくれれば、という話になって。

談志　ところが、戦争が終わっても帰ってこなかった。

美濃部　そう、お父さんがいない間、馬生がずいぶん苦労をしたんですよ。もともと志ん生の息子ということで仲間うちでは風当たりが強かったところに、志ん生は満州に行って死んじゃったという噂まで流れましたからね。お母さんが持っていた手帳を、亡くなってから見たら「今日も、馬生が寄席に行ってみんなからいじめられた。くやしい」って書いてあった。馬生は私たちには何も愚痴らなかったけど、お母さんには言ったんでしょうね。

談志 俺は、馬生師匠がすごく好きだったの。でも、寄席にもあまり出ていないんですよ。仲間うちでは、親の七光りだどうのって文句言われてるしね。でも、俺にとってはうまいし、おもしろいし、きれいな師匠だった。

馬生師匠のネタ帖を見せてもらったら、ありとあらゆる噺に挑戦していましたよ。「俥《くるま》屋」とか「四宿の屁」とか、それこそ全部の噺に挑戦していたんじゃないかなあ。ある時、稽古に行ったら「支那の野ざらし」という噺を教えられましたよ。そんな、誰もやり手のないような噺を覚えたという、まずその了見がすごいと思いましたね。「俥屋」も「自分はこの噺はやらないけど、先代の談志の売り物だったから」って馬生師匠が教えてくれたんですよ。

美濃部 馬生はよく勉強していましたよ。談洲楼燕枝さん（二代目）や林家など、ほうぼうへ稽古に行ってました。帰ってきても、一人で稽古をしていたみたいですね。

談志 それはそうですよ。あれだけ風当たりが強かったら、落語やめるか何も言わせないほどに抜きん出るかしかないですもの。馬生師匠は絵もうまかったですね。

美濃部　絵はお母さんが教えたの。

談志　そうか、志ん生師匠の絵はひどいもんね。楽屋に志ん生師匠のファンが来てね、サインをねだったことがある。そしたら、「茶碗を持ってきて、茶碗を」。茶碗を紙の上に逆さに置いて、そのまわりを筆で丸くなぞってね。その上に、チョッチョッと線を描いて「火焔太鼓だ」だって（笑）。

それにしても、馬生師匠は惜しい。これからって時に、亡くなってしまいましたからね。

美濃部　五十四歳でしたよ。

談志　くれぐれも惜しい。馬生師匠も志ん朝も惜しい！

美濃部　志ん朝が亡くなった時は、馬生の時より、ショックでしたよ。志ん朝と私は十四も年が離れていたから、自分の子どものように育てたでしょう。でもね、死んだのが悲しいんじゃないの。くやしいほうが先なの。

あの子が逝く時ね、「お姉さん、危ないですからすぐ来てください」って言われて矢来町まで飛んで行ったら、もう志ん朝の目が開いちゃっててね。「強次！　強次！まっすぐ父ちゃんと母ちゃんのとこ行くんだよっ」って、二度言ったんですよ。そしたら、すーっと……。

談志　あの時、ＮＨＫに取材されて「いい時に死んだよ、見事に拍手喝采で送られて結構だよ」と言ったんです。だって、もう死んじゃったんだよ。なんか言ったって愚痴にしかならない。

美濃部 あと十年でも二十年でも私の年をあげたのに。あの子の出囃子聞くと、まだ涙が出ちゃうんですよ。

志ん朝はね、毎年四月に池袋演芸場でトリをとっていたんです。私、落語の世界で顔を知られているから、寄席や楽屋に行くのが嫌なんですけど、あの子が亡くなる年のちょうどその頃にね、なんだか急に志ん朝の落語が聞きたくなって、池袋に行ったんです。

談志 志ん朝は何をやってました?

美濃部 その日は「宿屋の富」。結局、その高座を見たのが志ん朝とのお別れになってしまったの。

談志 あれいいですよね、彼の持ちネタで。それから「愛宕山」「三枚起請」もよかった。

志ん朝は志ん生になるべきだった。

美濃部 一緒に暮らしていた時、志ん朝が毎日毎日勉強しているのを見ていましたよ。うちの子たちは、馬生も志ん朝もよく勉強しているなと思ってね。お父さんだって、貧乏だった頃、上野でも浅草でも、家から稽古しながら行ったもんだって。
談志　平成十三年の夏ね、志ん朝が住吉踊りに出てた時、久しぶりに飲んだんだ。それで俺が「金払って聞きに行くのは志ん朝だけだな」って言ったの。志ん朝は志ん朝で「俺、下手なやつは嫌いなんだよ」って。あの夜はね、「兄《あに》さん、久しぶりにいい酒飲んだよ」ってつぶやいてたよ。
美濃部　志ん朝、嬉しそうだったでしょう。
談志　その前に飲んだ時は、「飲むのもいいけどね、兄さんパーパー喋るから料理の味もなにもねえ」って言ってたけどね（笑）。
美濃部　私にとって談志さんは、〝志ん朝のお友達〟という存在だったのよ。
談志　彼がまだ獨協高校に行っていた時分から知ってましたからね。で、俺言ったんだ。「いいね、あんたは」「なんで」「親父が志ん生ってのはうらやましいよ」ってね。チームつくって野球やったり、一緒にプール行ったり、ウォッカの飲み比べしたりね、志ん朝とはよく一緒に遊んでいましたよ。

三遊亭一派が落語協会を脱会する時（昭和五十三年の落語協会分裂騒動。真打大量昇進に反対した六代目三遊亭圓生とその弟子、同じ意見を持つ落語家たちが落語協会を脱会。志ん朝も脱会メンバーに入っていたが、周囲の説得などもあり協会に戻った）も、俺は今の圓蔵と円楽、志ん朝に四人はいつも一緒にいようねって言ったんだ。

結果的にそれを裏切ったのは俺になるんだけど（笑）。

美濃部　あの頃のごたごたの話は詳しくは知らないんです。ただ、馬生がずいぶん骨を折って志ん朝をとどめた、ということは聞いていました。

談志　脱会した圓生師匠が新しい会をつくってやっていくということになって、俺たち四人もついていった。ところが、圓生師匠は新しい会のリーダーは志ん朝だって言うんだ。それはおもしろくないから、「俺にリーダー譲りなよ。俺を抜かしたらこの会つぶれるよ」って言ったら「兄さん、それはできないよ」って。で、ああそうかい、勝手にしろよと。俺は小さん師匠のとこに戻って、「どうも師匠、血のつながりは濃いですから」（笑）。今、考えれば俺も若かったんだよな。俺が志ん朝を補佐してやりゃよかったんだよ。

美濃部　だから、それからしばらくして談志さんが協会を脱会した時は、本当に残念でした。一緒にいたら、志ん朝はもっと勉強したと思う。そちらはのんきになっちゃっていいけどさ（笑）。

談志　志ん朝にね、志ん生になれよって言ったんですよ。そしたら「兄さん、口上やってくれる？」。俺は「喜んでやるよ、飛んで行くよ」って。

美濃部　私、お父さんと約束したんですよ。「馬生は系統が違うから、志ん生は志ん朝に継がせてくれ」と言われて、「わかった、大丈夫だよ」って。でも、なかなか継がないから、「どうするの、あんた、志ん生継がないの？」「まだ、ちょっと」。

談志　まだ、ってことは可能性はあったわけですか。でも、俺から言わせてもらえば、まだ未熟だとかそういう問題じゃないと。親父に比べてどうの、芸の系統がどうのなんて関係なくて、志ん朝は志ん生にならなければならなかった。何より、名前を継ぐことが重要で、なってしくじろうと、それは当人の問題なんだから。

美濃部　本人にしてみれば、自分の力であれだけ大きくした志ん朝という名前がかわいかったとも思うんですよ。ただ、もっと年をとったら、志ん生になったでしょうね。

談志　俺は「志ん生になってもいいから、もっとうまくなれよ」って志ん朝に言ったことがあるんです。この場合のうまさ、っていうのはテクニックって意味ね。俺みたいな落語をやっちゃってるとね、ふと我に返った時に、近くにちゃんと伝統を守っているやつがいると、いい反省材料になるんですよ。あ、俺もこのままじゃいけねえな、いくらウケてるかもしれないけど、って思うんですよね。

忌憚なく言えば、志ん朝の芸はメロディなんですよ。見事なメロディでもってウワーッと観客を渦の中に巻き込んでしまう。

さあ、そこで落語リアリティから見るとどうかと考えると、志ん生師匠のように、かたちを崩して下手にやれるような域にまで行けるかな、という疑問があった。だからこそ「もっとうまくなれ」と言ったんですよ。下手になれなかったら、そうするしかない。

ただ、晩年はだんだん志ん朝もかたちを崩すようになってきていたんですよ。惜しいことしたなあ。また違った志ん生ができたかもしれないのに。

美濃部　そうやって談志さんに言ってもらえると、本当に嬉しい。お父さんの落語も深く聞いてくださってるし。

談志　志ん朝に言ったことがあるんですよ。「親父が倒れちゃって、高座に出られなかったら、こたつにあたっているだけでいいんだ。それでもみんな入場券払って見に来るよ。志ん生がいる、それだけでいいんだ」って。「よせよ」って笑っていたけどね。それだけの価値がありますよ。

美濃部　お父さんが昭和三十六年に脳出血で倒れた後は、言葉もはっきりしなくなったでしょう。でも、お父さんを好きな人は、それでも喜んでくれたんですよ。自分でも高座に出たくて出たくてね、さすがに「もう無理よ、やめな」と言いましたけど。

談志　そういう志ん生師匠をさ、まだ金が欲しいのか、なんて言うやつもいたけど、そんな話じゃないんですよ。落語がやりたくてしょうがない。落語への執念なんですよね。

美濃部　どうしても独演会やりたいって言うから、一回だけ人形町の末広でやったこともありましたよ。

談志　落語家を分類したら、俺はやっぱり志ん生師匠の部に入りますね。ズバッと言えば、志ん生賛美ですよ。だって、そのすごさは俺が実証しているはずですよ。志ん生師匠の集大成を自分の落語に持ってきて、現実に売れているんですから。

古今亭志ん生、あれこそ落語。具体的にはどういうことかって、人間を語っている。その一言に尽きますね。

……粋なもんだ。

『東京人』（２００３年12月号 特集
「志ん生 馬生 志ん朝 落語に生きた親子三名人」）初出

＊本書は『おしまいの噺』（アスペクト文庫、二〇一二年三月刊／単行本は二〇〇五年六月刊（巻末対談は単行本未収））を定本とします。

写真提供　美濃部美津子
編集協力　石島律子
協力　月刊『東京人』

志《し》ん生《しょう》一家《いっか》、おしまいの噺《はなし》

二〇一八年 九 月一〇日　初版印刷
二〇一八年 九 月二〇日　初版発行

著　者　美濃部《みのべ》美津子《みつこ》
発行者　小野寺優
発行所　株式会社河出書房新社
〒一五一－〇〇五一
東京都渋谷区千駄ヶ谷二－三二－二
電話〇三－三四〇四－八六一一（編集）
〇三－三四〇四－一二〇一（営業）
http://www.kawade.co.jp/

ロゴ・表紙デザイン　粟津潔
本文フォーマット　佐々木暁
本文組版　株式会社ステラ
印刷・製本　中央精版印刷株式会社

Printed in Japan ISBN978-4-309-41633-5

志ん生芸談

古今亭志ん生　41130-9

昭和の大名人志ん生師匠の話芸。何度聴いてもいい修業・地方巡業話の変奏から、他では読めない珍しい話も。「なめくじ艦隊」「びんぼう自慢」に飽き足りない人も必読。

志ん生の右手　落語は物語を捨てられるか

矢野誠一　40830-9

落語は物語を捨てられるか。ストーリーの面白さにとらわれずに、落語家の語り口、ひいてはその個性の面白さだけを味わえるのでは、という視点から、落語、演芸全般を味わう。

寄席はるあき

安藤鶴夫〔文〕　金子桂三〔写真〕　40778-4

志ん生、文楽、圓生、正蔵……昭和三十年代、黄金時代を迎えていた落語界が今よみがえる。収録写真は百点以上。なつかしい昭和の大看板たちがずらりと並んでいた遠い日の寄席へタイムスリップ。

忘れえぬ落語家たち

興津要　40885-9

落語研究の第一人者が、忘れえぬ昭和の二十人の寄席芸人の想い出を綴る。春団治、志ん生、文楽、金馬、彦六、円生、三木助から、金語楼、歌笑、馬生、三平まで。昭和の名人の芸風と人間味を今に伝える。

志ん朝のあまから暦

古今亭志ん朝／齋藤明　40753-1

「松がさね」「七草爪」「時雨うつり」……、今では日常から消えた、四季折々の行事や季語の世界へ、粋とユーモアあふれる高座の語り口そのままに、ご存じ古今亭志ん朝がご案内。日本人なら必携の一冊。

世の中ついでに生きてたい

古今亭志ん朝　41120-0

志ん朝没後十年。名人の名調子で聴く、落語の話、芸談、楽屋裏の話、父志ん生の話、旅の話、そして、ちょっといい話。初めての対談集。お相手は兄馬生から池波正太郎まで。